L'ELABORATION D'UNE PROBLEMATIQUE DE RECHERCHE

Sources, outils et méthode

© L'Harmattan, 2005
ISBN : 2-7475-8518-2
EAN : 9782747585187

Lawrence Olivier
Guy Bédard, Julie Ferron

L'ELABORATION
D'UNE PROBLEMATIQUE DE RECHERCHE

Sources, outils et méthode

L'Harmattan	**Harmattan Könyvesbolt**	**L'Harmattan Italia**
5-7, rue de l'École-Polytechnique	1053 Budapest,	Via Degli Artisti 15
75005 Paris	Kossuth L. u. 14-16	10214 Torino
FRANCE	HONGRIE	ITALIE

Logiques Sociales
Collection dirigée par Bruno Péquignot

En réunissant des chercheurs, des praticiens et des essayistes, même si la dominante reste universitaire, la collection *Logiques Sociales* entend favoriser les liens entre la recherche non finalisée et l'action sociale.

En laissant toute liberté théorique aux auteurs, elle cherche à promouvoir les recherches qui partent d'un terrain, d'une enquête ou d'une expérience qui augmentent la connaissance empirique des phénomènes sociaux ou qui proposent une innovation méthodologique ou théorique, voire une réévaluation de méthodes ou de systèmes conceptuels classiques.

Déjà parus

Stéphane BELLINI, *Des petits chefs aux managers de proximité*, 2005.
Jean-Marc POUPARD, *Les centres commerciaux, de nouveaux lieux de socialité dans le paysage urbain*, 2005.
Pascal LARDELLIER (dir.), *Des cultures et des hommes*, 2005.
PAPADOPOULOS Kalliopi, *La crise des Intermittent-e-s. Vers une nouvelle conception de la culture ?*, 2005.
L. VIDAL, A. S. FALL & D. GADOU, *Les professionnels de santé en Afrique de l'Ouest*, 2005.
R. BERCOT et F. de CONINCK, *L'Univers des services*, 2005 ;
Constance DE GOURCY, *L'autonomie dans la migration*, 2005.
M.F. LOUBET-GROSJEAN, *Chômeurs et bénévoles. Le bénévolat de chômeurs en milieu associatif en France*, 2005.
Denis BOUGET et Serge KARSENTY (sous la dir.), *Regards croisés sur le lien social*, 2005.
Isabelle PAPIEAU, *Portraits de femmes du faubourg à la banlieue*, 2004.
Anne-Marie GREEN (dir.), *La fête comme jouissance esthétique*, 2004.
Dan FERRAND-BECHMANN (sous la dir.), *Les bénévoles et leurs associations. Autres réalités, autre sociologie ?*, 2004.
Philippe SPAEY, *Violences urbaines et délinquance juvénile à Bruxelles*, 2004.

À Hugo Roy, Félix et Tristan

Il n'y a rien de bon dans la nature humaine, tout y est calcul, intérêt et orgueil. Il suffit d'avoir parlé deux minutes avec quelqu'un pour s'en rendre compte. Il ne s'intéresse pas à vous ; il a déjà détourné son attention. Il se demande ce qu'il peut tirer de vous. Je le sais, mon existence n'est faite que de telles rencontres. Malheureusement, elles ont duré plus que deux minutes.

L. O.

Je tiens à remercier Laurence Viens pour son aide inestimable dans la préparation de ce manuscrit. Son professionnalisme et sa grande gentillesse m'ont rendu la tâche des plus agréable. Je remercie également Marie-Claude Champagne qui m'a beaucoup aidé dans les derniers moments de la préparation de ce manuscrit qui nous a semblé, à certains moments, frappé du sceau de la malédiction.

INTRODUCTION

PROBLÉMATIQUE ET REVUE DE LA LITTÉRATURE

> *Il n'y a de réel progrès qu'en réponse à un vrai problème.*
> Dominique Wolton

La démarche de recherche en sciences et en sciences sociales est souvent considérée dans une perspective technique. Pour s'en convaincre, il suffit de consulter les nombreux ouvrages de méthodologie qui ont été publiés ces dernières années. On peut y constater qu'ils sont principalement consacrés à la formulation de l'hypothèse ou aux techniques d'enquête. Il s'agit le plus souvent de donner des directives concernant l'opérationnalisation des hypothèses, ou le choix et la mise en œuvre d'une technique d'enquête susceptible de fournir les données dont on a besoin pour vérifier une hypothèse ou pour soutenir une proposition de recherche. Selon les disciplines scientifiques ou en vertu des choix méthodologiques des auteurs, on mettra davantage l'accent sur une techniques d'enquête particulière[1] : le questionnaire d'enquête, l'entrevue, l'observation directe, le récit de vie, etc.

L'ÉLABORATION D'UNE PROBLÉMATIQUE DE RECHERCHE :
SOURCES, OUTILS ET MÉTHODE

Pourtant, avant de choisir une technique d'enquête, avant même d'être en mesure de formuler une hypothèse ou une proposition de recherche, le chercheur a un long chemin à parcourir en amont — et peut-être est-ce le travail le plus difficile — : élaborer une problématique. Plus exactement, le contenu des hypothèses de recherche ainsi que le choix des stratégies de vérification et des outils d'enquête appropriés dépendent étroitement des orientations prises au moment de l'élaboration de la problématique[2]. Faire fi de cette étape du processus de découverte scientifique signifie que l'on accepte de naviguer à l'aveuglette, sans prendre conscience des limites du travail de recherche à entreprendre, en risquant éventuellement d'aboutir à une impasse ou à un tissu d'incohérences. Plus encore, c'est surtout oublier que le travail de recherche ne s'accomplit jamais en vase clos ; il s'inscrit dans la foulée des travaux qui, à l'intérieur comme à l'extérieur de notre discipline, ont déjà été effectués sur le sujet que l'on a choisi. Dès lors, comment faire progresser les connaissances dans notre discipline scientifique sans tenir compte de ce qui a déjà été fait ?

C'est donc cet aspect de la recherche que nous avons voulu traiter dans cet ouvrage, convaincus qu'il s'agissait de l'étape la plus importante du processus d'enquête scientifique. Toutefois, nous avons décidé de l'aborder sous un angle inhabituel, qui a fait l'objet de peu de publications jusqu'à présent : la revue de la littérature[3]. En effet, la plupart des chercheurs en sciences sociales reconnaissent aujourd'hui l'importance de la problématique, quelle que soit la tradition théorique ou méthodologique à laquelle ils se rattachent. On a coutume de débuter une recherche par quelques lectures, dans le but de faire le point sur un sujet ou de constituer un état de la question. Le rapport entre ces deux moments de la recherche — problématique et état de la question — est rarement envisagé. Pourtant, dans la pratique des chercheurs, ces deux moments sont en fait intimement liés ; ils entretiennent des rapports de subordination mutuelle. Autrement dit, il ne saurait y avoir de

INTRODUCTION

problématique pertinente sans une solide revue de la littérature ; et la manière de penser celle-ci dépend étroitement de celle-là. Du moins, c'est ce que nous allons essayer de montrer.

Il suffit de jeter un coup d'œil rapide sur des projets de recherche, des thèses de doctorat, des articles ou des ouvrages scientifiques pour constater qu'une majorité de ces travaux comporte une problématique et, bien entendu, une solide revue de la littérature. Pourtant, il faut en convenir, le sens donné au terme problématique est très variable d'un auteur à l'autre. Il désigne plusieurs choses et est employé dans une variété de sens. Selon Huot, la problématique, c'est « [...] la toile de fond sur laquelle repose votre travail de recherche[4] ». Pour Beaud et Latouche, dans *L'art de la thèse*, « [l]a problématique, c'est l'ensemble construit autour d'une question principale, d'hypothèses de recherche et des lignes d'analyse qui permettront de traiter le sujet choisi[5] ». Quant à Chénier, qui fut l'un des premiers à avoir défini la problématique de façon concise et en langue française, il voit davantage cette dernière comme un problème construit autour d'une absence ou d'un écart d'information.

> Par l'expression « problématique de recherche », on réfère généralement à l'ensemble des éléments formant problème, à la structure d'informations dont la mise en relation engendre chez un chercheur un écart se traduisant par un effet de surprise ou de questionnement assez stimulant pour le motiver à faire une recherche[6].

Pour notre propos, cette définition paraît la plus pertinente, car elle permet d'abord de comprendre l'importance de ladite problématique. Chénier affirme qu'elle se caractérise par un effet de surprise qui crée le besoin de faire une recherche. Sans un tel effet, la motivation à faire une recherche serait absente. On saisit mieux pourquoi la revue de la littérature occupe une place primordiale dans le processus d'élaboration d'une problématique. Ensuite, cette dernière définition nous semble appropriée, car elle permet d'entrevoir l'un des éléments importants de la problématique : la revue de la littérature. En effet, Chénier parle de l'ensemble des éléments qui posent problème et surtout de la structure d'informations qui, une fois mise en relation, crée chez le chercheur un écart assez stimulant pour le motiver à faire une recherche. On retrouve dans cette formulation le principe même de la revue de la littérature.

Celle-ci a justement pour objectif d'identifier l'écart entre ce qui est connu et ce qui est à connaître. Comment arrive-t-on à identifier cet écart ? Répondre à cette question, c'est donner une définition de la revue de la littérature. Si l'on veut fixer les éléments d'une première définition générale, on peut dire qu'identifier l'écart existant entre ce qui est connu et ce qui ne l'est pas revient à identifier la frontière exacte du domaine qui englobe ce que l'on sait déjà et qui est donc inutile de recommencer et, ainsi, à déterminer la direction vers laquelle il nous faudra chercher. On perçoit mieux maintenant en quoi elle est nécessaire, voire essentielle, à toute recherche, car elle établit la pertinence et l'originalité du sujet choisi. Notons que le texte de Chénier présente une lacune importante : il néglige les rapports étroits qui unissent la revue de la littérature à l'ensemble du processus de recherche. On peut difficilement envisager la formulation d'une hypothèse ou d'une proposition de recherche sans avoir fait préalablement une revue de la littérature. Le choix même de la technique d'enquête dépend de celle-ci.

Pour leur part, Quivy et Campenhoundt répondent en partie, dans la présentation qu'ils font de la problématique, à l'omission décelée dans le texte de Chénier. Les trois étapes de la problématique qu'ils suggèrent sont les suivantes : 1. faire le point sur la question de départ ; 2. inscrire son travail dans un cadre théorique ; 3. expliciter sa problématique, c'est-à-dire « [...] exposer les concepts fondamentaux et la structure conceptuelle qui fondent les propositions qu'on élabore en réponse à la question de départ et qui prendront forme définitive dans la construction[7] ».

INTRODUCTION

Cette définition de la problématique est claire et précise. Quivy et Campenhoundt résument bien l'idée de problématique et démontrent le lien logique entre les différentes étapes de son élaboration. Par contre, ils révèlent peu de choses sur le contenu des différentes étapes et, particulièrement, sur la revue de la littérature. À ce propos, ils écrivent qu'il s'agit de faire « [...] l'inventaire des différents points de vue, [de] repérer les liens ou les oppositions qui existent entre eux et [de] mettre en évidence le cadre théorique auquel chacun se réfère implicitement ou explicitement[8] ». On aimerait pourtant avoir des informations sur la façon de procéder à ce travail d'inventaire. Quels ouvrages et articles scientifiques doit-on choisir ? Quel est le but visé par la revue de la littérature ? Doit-on se limiter à ce qui a été écrit sur le sujet ou prendre des ouvrages plus généraux ? Doit-on restreindre son inventaire aux articles et aux ouvrages scientifiques ? N'existe-t-il pas de bons et même d'excellents travaux parmi les ouvrages qui ne sont pas considérés comme scientifiques ? Pourquoi faudrait-il les exclure ? Comment déterminer que tel ouvrage ou article scientifique est plus pertinent que tel autre ? Que doit-on retenir de ces textes ? Jusqu'où doit-on être exhaustif dans la revue de la littérature ? Faut-il retenir tout ce qui a été écrit ? Quelle est l'importance des concepts fondamentaux et de la structure conceptuelle dans la revue de la littérature ? On le voit, faire une revue de la littérature est un travail exigeant ; d'où la nécessité de répondre à plusieurs questions. Mais, avant d'aborder les questions techniques et pratiques de la revue de la littérature, il convient de dire un mot sur les principes épistémologiques généraux qui la guident.

Savoir repérer la littérature pertinente sur un sujet de recherche donné ne suffit certes pas à produire une bonne revue de la littérature. Cette dernière n'est pas une somme de résumés de textes comme on en retrouve dans les bibliographies commentées. En effet, il ne faut jamais oublier que le but d'une revue de la littérature — hormis celui de montrer, d'un point de vue académique, que l'on maîtrise un sujet — est d'élaborer une problématique et, donc, de construire l'objet de recherche sur lequel portera éventuellement le mémoire, la thèse, l'article ou le livre que l'on se prépare à écrire. À cet égard, il n'y a pas — heureusement — une manière univoque de rendre compte de la littérature existante sur une question. D'ailleurs, en consultant les textes scientifiques, on réalise rapidement que les manières de faire varient selon le style et la perspective des auteurs. Néanmoins, il existe des traits communs derrière cette diversité. C'est ce que nous tenterons de faire ressortir en énonçant un certain nombre de principes susceptibles de guider celui ou celle qui entreprend pour la première fois ce genre de travail.

Un principe d'intersubjectivité

Avant tout, il est bon de préciser le point de vue à partir duquel les principes que nous présentons ont été arrêtés. Aujourd'hui, il est reconnu, du moins dans la littérature concernant l'épistémologie et la méthodologie des sciences, que le processus de production des connaissances ne s'apparente pas à un acte de génie ou, plutôt, qu'il ne s'inscrit pas fondamentalement dans les volontés ou l'imagination des individus. La valeur d'une théorie ou d'un fait scientifique dépendrait plutôt de règles et de conventions partagées et acceptées par la communauté des chercheurs à laquelle on appartient. Ainsi, pour Karl Popper, « l'objectivité des énoncés scientifiques réside dans le fait qu'ils peuvent être intersubjectivement soumis à des tests[9] ». Pour sa part, Bruno Latour, que l'on ne peut guère soupçonner d'appartenir à la même école de pensée que Popper[10], énonce un principe similaire : « le statut d'un énoncé [scientifique] dépend des énoncés ultérieurs qui l'établissent ou l'infirment[11] », « la fabrication des faits [scientifiques] et des machines est un processus collectif[12] ».

Ici, notre but n'est pas de donner un aperçu des positions épistémologiques qui ont été soutenues au cours du XXe siècle[13]. La

INTRODUCTION

diversité des positions adoptées à propos des fondements de la connaissance scientifique est trop considérable pour les aborder dans ce livre. Il s'agit plutôt de rendre compte d'un consensus qui semble s'être établi à cet égard et d'en tirer les conséquences du point de vue de l'élaboration de la revue de la littérature. Ce consensus, nous l'appellerons le principe d'intersubjectivité. Selon ce principe, la valeur des connaissances acquises en science n'est jamais indépendante du jugement des pairs, des collègues ou des maîtres. Autrement dit, la validité des observations effectuées et la pertinence des théories adoptées dépendent toujours de l'état des connaissances admises et reconnues au sein du champ de recherche dans lequel on s'insère. Ainsi, s'inscrire dans le cadre d'une démarche scientifique — et les praticiens des sciences sociales sont directement concernés par cela —, c'est accepter de s'en remettre aux jugements des autres pour déterminer la légitimité du projet que l'on veut mener à terme[14].

Bien sûr, l'idée même de consacrer un ouvrage à l'élaboration de la revue de la littérature sous-entendait déjà ce principe. En effet, hormis la volonté de se conformer aux exigences du travail scolaire et universitaire, ou de cultiver un savoir d'érudition, aucune autre raison ne pourrait justifier que l'on accorde autant d'efforts et d'énergies à ce genre de travail. Lorsque l'on disait que la revue de la littérature a notamment pour but d'éviter la répétition des recherches qui ont déjà été faites ou de traiter de problèmes qui ont trouvé des solutions ailleurs, c'est sans aucun doute ce principe qui était à l'œuvre. Toutefois, derrière ce dernier, il y a également l'idée du cumul des connaissances, c'est-à-dire que l'on adhère à la croyance tacite ou affirmée que le déploiement de l'arsenal méthodologique de la science est source de progrès en matière de connaissances. À tort ou à raison, de nos jours, jouer le jeu de la science, c'est donc accepter que le nouveau est meilleur que l'ancien[15]. On l'admettra facilement, cela n'est pas du tout évident. Du moins, force est d'admettre que nous pourrions trouver de nombreux exemples historiques où les chercheurs scientifiques n'ont pas respecté cette idée. Qui plus est, sans chercher longuement autour de nous, nous trouverions sûrement des collègues qui, bien que nous les estimions par ailleurs beaucoup, défendent des points de vue que nous jugeons périmés. Et le jugement que les autres portent sur nous, ou plutôt sur les positions que nous défendons, n'est probablement guère différent.

Or, c'est justement cette difficulté à justifier une telle idée qui oblige à énoncer certaines règles d'élaboration de la revue de la littérature. En fait, l'idée de cumul des connaissances n'est pas invalidée par ce qui vient d'être évoqué. Pour un grand nombre de chercheurs, la croyance dans le caractère cumulatif du savoir scientifique ne résulte pas nécessairement de l'observation d'une amélioration effective et linéaire du savoir en question. On y adhère en supposant — du moins en pratique, si ce n'est de façon volontaire et consciente — que l'adoption de procédures rationnelles d'échanges et de débats conduit, à échéance, à cet objectif. Cela constitue le soubassement culturel de la conception occidentale du travail scientifique. Certes, à la limite, chacun peut demeurer sur ses positions ou, plutôt, peut résister à les modifier. Toutefois, ce refus ne peut être réalisé et accepté par tous qu'à la condition de respecter un certain nombre de règles du jeu. À vrai dire, sans le respect de ces conditions, c'est l'idée même de cumul des connaissances, voire la conception moderne de la science, qui s'effondrerait. Ce sont quelques-unes de ces règles que nous allons maintenant présenter, en insistant d'abord sur celle à laquelle toutes les autres nous semblent subordonnées : le principe de rationalité.

Le principe de rationalité

Le principe de rationalité est sans doute l'élément qui devrait orienter le plus la constitution d'une revue de la littérature. Dans l'univers de la recherche, cette étape représente souvent pour nous la seule occasion de débattre avec les autres. Or, ce principe a justement pour but d'organiser et d'encadrer de tels échanges, de

INTRODUCTION

nous offrir une orientation quant à la manière de débattre. Parce que celle-ci ne doit entrer en contradiction ni avec le principe d'intersubjectivité ni avec l'idée de progrès en matière de connaissance. Même s'il est difficile d'en donner une définition qui tienne compte de la très grande diversité des positions qui ont été élaborées à travers l'histoire à ce propos[16], nous pensons tout de même que deux attitudes caractérisent sa mise en oeuvre. Ces deux attitudes, qui peuvent être élevées au rang de méthodes, sont l'ouverture au dialogue et la recherche de la réfutation. Pour mieux les comprendre, il nous semble pertinent de faire référence à Platon, qui fût sûrement l'un des principaux promoteurs de cette manière d'envisager le monde, voire celui que l'on a souvent jugé en être l'inventeur. Ainsi, dans *Gorgias*, Platon met en scène un dialogue (style qu'il a adopté à de nombreuses reprises dans son œuvre) entre Socrate et divers personnages qui débattent autour de la question suivante : qu'est-ce que l'éloquence (la rhétorique) ? Socrate débat successivement avec les rhéteurs Gorgias, Polos et Calliclès. Tour à tour, il tente de mettre ses interlocuteurs en face de leurs contradictions en les confrontant aux problèmes relatifs à leur conception de la justice et de l'éloquence : pour eux, l'éloquence, comme technique ou comme art de la discussion, est susceptible d'assurer l'atteinte de la justice. Mais l'objet de ce livre ne se limite pas à ces questions. En effet, le dialogue est entrecoupé de commentaires sur la méthode à suivre pour mener à bien le débat. Il ne faudrait pas considérer ces remarques comme accessoires. Elles ont une résonance particulière par rapport au sujet du livre lui-même. C'est que Platon profite de cet échange pour soumettre des règles de discussion qui, selon lui, seraient davantage conformes à la poursuite de l'idéal de justice. Toute la facture de l'ouvrage a été conçue à cette fin, en vue d'illustrer la façon dont cela peut être mis en œuvre. Il s'agit en somme de montrer à la fois la finalité et l'efficacité de la dialectique platonicienne. *Gorgias* est un ouvrage bien particulier dans l'œuvre de Platon. En effet, contrairement à ses autres ouvrages dans lesquels Platon utilise le même procédé pédagogique, l'auteur fait ici échouer Socrate. La force de sa dialectique ne suffit pas à vaincre ses adversaires. Plus exactement, dans les deux derniers actes du livre qui relatent les échanges entre Calliclès et Socrate, ce dernier bute contre un mur d'indifférence à l'égard de ses propos. Calliclès approuve sans y croire les démonstrations de Socrate. Il admet les contradictions de sa pensée tout en continuant à les défendre. Il garde le silence avec l'intention avouée de briser le dialogue. En quelque sorte, il oppose la puissance de la rhétorique à celle de la dialectique.

Par cet exemple, Platon voulait probablement illustrer la limite ultime de la méthode qu'il proposait. Du moins, quelles que soient ses intentions véritables, a-t-il démontré que la poursuite et la valeur de tout dialogue impliquait de chaque participant qu'il accepte d'y prendre part de bonne foi, c'est-à-dire avec l'intention de convaincre les autres de son point de vue ou avec celle d'être convaincu par celui des autres. C'est ce que suppose l'ouverture au dialogue : la recherche systématique et inconditionnelle de la réfutation de la position des autres comme de la nôtre. Tout ce qui nuit ou empêche la poursuite de cette fin devrait être banni de ce genre d'exercice. Par exemple, l'attaque *ad hominem* (c'est-à-dire le fait de s'en prendre au porteur d'un message plutôt qu'au contenu de ce dernier) est incompatible avec une véritable ouverture au dialogue.

Nous croyons que la même convention devrait prévaloir dans la constitution d'une revue de la littérature. La seule différence réside dans le fait que le dialogue institué dans un tel cadre dépend presque entièrement de celui qui réalise la revue de la littérature. En effet, la plupart du temps, il n'y a pas de véritables d'interlocuteurs. Il s'agit plutôt d'une rencontre entre un lecteur et des textes à déchiffrer, à interpréter et à comparer pour les mettre en opposition ou tenter de les rapprocher. En définitive, cela signifie que le dialogue ainsi créé est une pure fiction dont le point d'origine et le point d'arrivée sont le même : nous-même. Le travail d'interprétation, qui est au cœur du processus de production d'une

INTRODUCTION

revue de la littérature, ne relève finalement de personne d'autre que du lecteur. Il est celui qui choisit les textes, qui les interprète, qui les classe et qui détermine la façon dont il va les comparer. C'est la raison pour laquelle il y a généralement autant de façons de rédiger une revue de la littérature qu'il y a de manières de problématiser une question.

S'il est utile de savoir qu'une revue de la littérature est nécessaire, encore faut-il être en mesure de la faire. Autrement dit, encore faut-il être capable de répondre aux questions soulevées il y a un instant. C'est l'objectif principal de cet ouvrage que d'essayer d'apporter des éléments de réponse à ces questions et, ainsi, de permettre à un chercheur, ou à un apprenti-chercheur, de comprendre le processus de recherche à partir de l'une de ses étapes les plus importantes : la construction de l'objet. Il pourra dès lors mener à bien une recherche fructueuse et originale.

Nous présenterons, dans le premier chapitre, les outils avec lesquels un chercheur doit travailler pour repérer les textes pertinents et constituer sa revue de la littérature. Mais, avant même de partir à la recherche des ouvrages et articles nécessaires, c'est-à-dire de constituer le corpus de sa revue de la littérature, il doit d'abord se familiariser avec son sujet. Cette première étape de la construction de la problématique, souvent négligée par les apprentis-chercheurs, constitue un moment essentiel de la démarche de recherche. Il est donc primordial d'insister sur ce point. Le second chapitre tentera d'illustrer concrètement la manière dont la revue de la littérature doit être réalisée, une fois colligés les textes pertinents pour son travail. Il s'agit de faire un effort de synthèse et de confrontation sans lequel il est difficile, sinon impossible, de produire une recherche originale, capable de faire avancer les connaissances dans sa discipline scientifique. Autrement dit, pour reprendre le propos de Wolton mis en épigraphe, « Il n'y a de réel progrès qu'en réponse à un vrai problème. » Encore faut-il être capable d'identifier un vrai problème. La revue de la littérature, nous espérons le montrer dans cet ouvrage, est l'outil méthodologique pour ce faire.

L'ÉLABORATION D'UNE PROBLÉMATIQUE DE RECHERCHE :
SOURCES, OUTILS ET MÉTHODE

Notes

1. Voir les ouvrages suivants : Réjean Huot. *La pratique de recherche en sciences humaines.* Boucherville, Gaétan Morin Éditeur, 1992, 258 pages ; Andrée Lamoureux. *Une démarche scientifique en sciences humaines.* Laval, Éditions Études vivantes, 1992, 637 pages ; Raymond Quivy et Luc Van Campenhoundt. *Manuel de recherche en sciences sociales.* Paris, Dunod, 1988, 271 pages. Voir également l'ouvrage de Benoit Gauthier (dir.) *Recherche sociale. De la problématique à la collecte des données.* Ste-Foy, Presses de l'Université du Québec, 1984, 584 pages. Il est l'une des rares exceptions à cette règle et comporte, à notre connaissance, l'un des seuls textes consacrés à la problématique. Voir Jacques Chénier, « La spécification de la problématique », *Ibid.*, pp. 49-75. Nous reviendrons un peu plus loin sur ce texte.
2. Nous allons préciser plus loin ce que contient exactement une problématique ainsi que les différentes étapes de son élaboration.
3. Il est possible que, dans certaines disciplines des sciences sociales, l'expression « revue de la littérature » soit remplacée par d'autres telles que « recension des écrits » ou « état de la question ». Quelques fois, ces expressions sont utilisées à tort comme des synonymes du terme « revue de la littérature ». Il est important de faire une distinction bien nette entre ces diverses dénominations. Par exemple, l'état de la question est en elle-même une contribution intellectuelle importante dans la mesure où elle remplit les deux fonctions suivantes, identifiées par José Havet : 1. « [...] fournir des informations concrètes sur quelques-uns des sous-domaines » d'une discipline donnée ; 2. montrer comment une discipline s'est formée et institutionnalisée, les thèmes de recherche privilégiés ou négligés, les grandes orientations théoriques et méthodologiques, les valeurs communes, les directions de recherche futures, etc. Voir José Havet. *Les études du développement international au Canada.* Montréal, PUM, 1985, p. 34. Pour Réjean Huot, « la recension des écrits consiste [...] à faire le relevé des documents qui semblent être pertinents au problème que vous avez défini au début de votre recherche ». Réjean Huot. *La pratique de recherche en sciences humaines.* Boucherville, Gaétan Morin Éditeur, 1992, p. 93. La recension des écrits est donc plus modeste que l'état de la question et la revue de la littérature.
4. Réjean Huot. *Op. cit.*, p. 98.
5. Daniel Latouche et Michel Beaud. *L'art de la thèse : comment préparer et rédiger une thèse, un mémoire ou tout autre travail universitaire.* Montréal, Boréal, 1988, p. 47.
6. Jacques Chénier. « La spécification de la problématique », dans Benoît Gauthier. *Op. cit.*, p. 56.
7. Raymond Quivy et Luc Van Campenhoundt. *Op. cit.*, p. 97.
8. *Ibid.*, p. 90.
9. Karl Popper. *La logique de la découverte scientifique.* Paris, Payot, 1978 (c1973, c1934), p. 41.
10. On classe souvent Bruno Latour parmi les relativistes. Bien qu'il y ait des parentés entre sa position et celle des relativistes, il ne se considère pas ainsi. Il a plutôt contribué à instituer un courant de pensée que l'on nomme parfois l'anthropologie des

INTRODUCTION

sciences. Par ailleurs, sur plusieurs points, il partage les positions défendues par David Bloor, auteur qui a profondément marqué les travaux effectués en sociologie des sciences (voir David Bloor. *Sociologie de la logique ou les limites de l'épistémologie.* Paris, Pandore, 1982, 190 pages.) Toutefois, nous croyons que la position de Latour est différente de celle des relativistes. En ce sens, nous pouvons le prendre à témoin.

11. Bruno Latour. *La science en action.* Paris, Seuil, 1984, p. 75.
12. *Ibid.*, p. 79.
13. À ce propos, on peut lire Guy Bédard, « Trois idées génératrices des débats à propos des sciences », dans Guy Bédard, Lawrence Olivier et Jean-François Thibault. *Épistémologies de la science politique.* Ste-Foy, Presses de l'Université du Québec, 1998, pp. 1-11.
14. Cela limite à coup sûr les champs de recherche possibles. Toutefois, de notre point de vue, il ne s'agit pas d'empêcher quiconque d'innover en se situant à contre-courant, en prenant à contre-pied les théories ou les perspectives scientifiques dominantes d'une époque. Bien au contraire, il nous apparaît souhaitable de conserver une attitude critique à l'égard de toutes les idées reçues, quelles qu'elles soient. Il s'agit plutôt de faire prendre conscience qu'une telle entreprise est souvent plus risquée et qu'elle exige par conséquent des efforts supplémentaires pour convaincre de la pertinence du projet de recherche que l'on entend mener.
15. On comprendra que le rapport à la littérature ancienne s'est profondément transformé depuis l'avènement de la science moderne. Du moins, cela fait comprendre pourquoi, aujourd'hui, les chercheurs préfèrent généralement débuter les recherches bibliographiques en repérant les articles et les ouvrages les plus récents.
16. À ce sujet, on peut lire François Châtelet. *Une histoire de la raison : entretiens avec Émile Noël.* Paris, Éditions du Seuil, 1992, 228 pages.

1

LES OUTILS DE LA REVUE DE LA LITTÉRATURE

> *Car faire la science, c'est écrire un savoir en même temps qu'en construire expérimentalement l'objet.*
> Jean Gagnepain[1]

INTRODUCTION

Avant de voir la méthode pour réaliser une revue de la littérature, il faut comprendre la philosophie globale qui guide le travail de recherche en sciences sociales[2]. Ce bref détour est utile, car il sera ensuite plus facile de saisir la pertinence de la revue de la littérature. Il permettra aussi d'esquisser la démarche à adopter pour la mener à bien. La pertinence et la démarche sont liées logiquement : la première permet de comprendre la seconde. Pour ce faire, nous partirons d'une brève présentation de la dimension centrale du travail qui doit être accompli au début de la recherche : l'élaboration d'une problématique.

L'ÉLABORATION D'UNE PROBLÉMATIQUE DE RECHERCHE :
SOURCES, OUTILS ET MÉTHODE

1. La problématique

On peut caractériser d'une façon très générale la problématique en la définissant comme la recherche ou l'identification de ce qui pose problème. Il ne s'agit évidemment pas ici d'une recherche sur tout « ce qui pose problème ». On doit se limiter à un sujet déterminé et se situer éventuellement à l'intérieur des cadres d'une discipline scientifique donnée. Il y a donc un premier balisage effectué au sein de la revue de la littérature. Nous y reviendrons plus loin. En effet, ces premières précisions sont insuffisantes pour se faire une idée exacte de la revue de la littérature. Essayons, pour la clarté du propos, de préciser le sens du mot « problème », puisque celui-ci est une partie intrinsèque du terme problématique. Selon la définition élémentaire du dictionnaire, un problème est une question à résoudre où « [...] toute difficulté théorique ou pratique dont la solution reste incertaine[3] ».

Ainsi, la problématique est la recherche de « ce qui pose problème », c'est-à-dire d'une difficulté théorique ou pratique dont la solution n'est pas encore trouvée. Cette définition renvoie à deux types de difficultés. La première difficulté est évidente : « ce qui pose problème » n'est pas donné d'emblée. C'est au chercheur de l'identifier en faisant une étude critique de la littérature existante. La seconde difficulté à laquelle on est confronté réside dans le fait que la recherche de « ce qui pose problème » doit se faire à l'intérieur d'un champ cognitif donné. Autrement dit, la revue de la littérature est balisée par la discipline scientifique à l'intérieur de laquelle s'effectue la recherche de « ce qui pose problème ». Pour comprendre les raisons qui nous conduisent à poser la question de la problématique de cette façon, il faut rappeler une distinction, fort ancienne, mais très utile pour notre propos.

Platon, déjà, distinguait la raison de l'opinion, accordant à la première la possibilité d'atteindre à la certitude, à la vérité, alors qu'il voyait dans la seconde quelque chose de versatile, d'instable, de variable selon les individus. L'opinion est « [...] un jugement ou [une] façon de voir que l'on adopte sans avoir la certitude d'être dans le vrai[4]». Sans reprendre la théorie de la connaissance de Platon, il faut bien admettre que la science a une prétention à la certitude ou à la vérité, et qu'elle repose sur la méfiance envers l'opinion et le sens commun. Platon développe même une méthode propre à la découverte de la vérité : la maïeutique ou l'art d'atteindre à la vérité par le dialogue (dialectique). Autrement dit, en poursuivant l'analogie avec la théorie platonicienne (c'est le discours le plus courant tenu par les scientifiques au sujet de leur propre pratique), nous pouvons affirmer que la science obéit à certaines règles ou, du moins, à des règles différentes de l'opinion commune, règles qui lui permettent de connaître avec certitude, pour ne pas dire d'accéder au vrai.

Il faudrait ajouter que la science se construit aussi à partir d'un dialogue et que la revue de la littérature est un élément important de ce dernier[5]. On pourrait énumérer les règles (énoncés observables empiriquement, test de vérification des hypothèses, etc.) qui gouvernent la pratique scientifique, mais il importe davantage de retenir que la démarche scientifique — y compris la revue de la littérature — a ses propres exigences : celles de l'analyse scientifique. On n'accède pas à la connaissance certaine, au sens scientifique du terme, n'importe comment. Et parmi ces exigences, il y en a une sur laquelle il faut particulièrement insister : le dialogue ou, plutôt, le débat[6].

1.1. La recherche de « ce qui pose problème »

La recherche de « ce qui pose problème » ne peut se faire sans méthode. Il arrive qu'un auteur termine son ouvrage en disant qu'il reste tel ou tel problème à résoudre, que sa recherche n'est pas parvenue à trouver une réponse à telle ou telle question. On peut considérer qu'il s'agit là d'un problème à résoudre, d'une difficulté théorique ou pratique qui n'a pas trouvé de réponse satisfaisante jusqu'à maintenant. Cependant, outre le fait que l'on ne saurait limiter l'identification de « ce qui pose problème » à un seul ouvrage ou à un unique auteur, une telle approche impliquerait pour le chercheur qu'il suive la même démarche que celle de l'auteur, qu'il adopte sa vision des choses ou son modèle théorique, pour qu'il en arrive à la même conclusion[7]. On voit immédiatement les limites de cette méthode. On oublie que beaucoup de chercheurs préfèrent utiliser leur propre modèle théorique pour aborder ces mêmes questions ou problèmes. Ce faisant, il n'est pas certain qu'ils identifient tous les mêmes problèmes ou difficultés à résoudre. Par ailleurs, et cette limite est très importante, en se restreignant à un seul ouvrage ou à un unique auteur, le chercheur risque de répéter des recherches qui ont déjà été faites et d'essayer de résoudre des problèmes qui ont trouvé des réponses satisfaisantes ailleurs. En effet, il est possible que la difficulté identifiée dans la conclusion d'un ouvrage ait déjà reçu une réponse dans un autre ouvrage ou article scientifique. Il faut connaître cet ouvrage ou cet article scientifique pour éviter de « réinventer la roue » à chaque recherche. Il est fréquent de reprocher à des recherches leur manque d'originalité, justement parce qu'elles abordent une question déjà traitée ailleurs[8]. On peut alors supposer que la revue de la littérature n'a pas été faite adéquatement. Par ailleurs, il n'est pas certain non plus que, en suivant la voie tracée par un auteur, on arrive à cette frontière qui permet de délimiter la limite entre ce qui est connu (ce qui a déjà été fait) et ce qui ne l'est pas (ce qui est à faire)[9].

Au départ, le chercheur doit plutôt identifier lui-même le problème de recherche ; il doit partir à la découverte de « ce qui pose problème ». Toutefois, il y a un certain nombre d'erreurs à éviter. Parmi celles-ci, le chercheur évitera de partir d'une question spontanée telle que : quelles sont les causes de la Révolution tranquille au Québec ? Quelles sont les origines de la Révolution bolchevique ? Quelles sont les origines de la crise des missiles de Cuba ? Les jeunes sont-ils victimes de discrimination de la part des autorités policières ? Pourquoi les gens sont-ils pauvres ? Pourquoi les femmes sont-elles si peu présentes sur la scène politique municipale ou provinciale ? Quelles sont les motivations du gouvernement du Québec dans le projet Grande-Baleine ? Ces questions de recherche ne sont ni mauvaises en soi ni même à proscrire obligatoirement. Il s'agit de questions générales qui peuvent motiver le désir d'entreprendre une recherche sur ces sujets. Cependant, elles sont davantage des interrogations montrant l'intérêt d'un chercheur pour un sujet que de véritables questions de recherche.

Plus encore, ces questions renferment un certain nombre de dangers qui peuvent devenir des obstacles importants pour la suite de la démarche de recherche. Parmi ceux-ci, il y a celui de faire de la question de départ (par exemple, la recherche des causes) l'objet même de la recherche. Ce type de recherche est trop général pour au moins trois raisons : 1. Il est difficile de mener à bien des recherches d'une telle envergure ; 2. En général, ce type de recherche ne tient pas compte de la littérature existante sur le sujet qui offre déjà de multiples réponses, parfois contradictoires, à ces questions. La recherche des causes ou des origines fait souvent l'objet, au sein d'une discipline scientifique, de débats contradictoires. Il faut partir d'un questionnement plus précis, élaboré à partir de travaux qui ont déjà été effectués sur le sujet ; 3. L'originalité d'une telle recherche risque d'être assez faible au niveau de l'avancement des connaissances, et de l'explication et de la compréhension des phénomènes. Ce dernier point est très important et constitue l'un des arguments principal justifiant la réalisation d'une revue de la littérature. Nous croyons qu'une recherche doit contribuer, un minimum, à l'avancement des connaissances[10] — tout en reconnaissant très bien la difficulté d'en juger en toute objectivité[11]. Comment peut-on y parvenir sans connaître ce qui a déjà été fait et surtout sans avoir fait une analyse critique des écrits existants sur le sujet ?

L'ÉLABORATION D'UNE PROBLÉMATIQUE DE RECHERCHE :
SOURCES, OUTILS ET MÉTHODE

1.2. L'espace cognitif

En distinguant, comme nous l'avons fait avec Platon, la raison de l'opinion, nous avons voulu attirer l'attention sur le fait qu'une revue de la littérature obéissait à des règles ou à des principes définis. Parmi ceux-ci, il faut noter la place importante qu'occupent les considérations théoriques. Celles-ci permettent d'échapper à l'opinion : une revue de la littérature vise d'abord à inscrire la recherche à l'intérieur de débats théoriques qui existent dans une discipline donnée, dans un champ cognitif. Elle peut ainsi contribuer à l'avancement des connaissances en proposant des hypothèses originales permettant de confirmer ou d'infirmer une théorie. Car, rappelons-le, c'est la théorie qui donne une explication ou une compréhension d'un phénomène[12].

L'intérêt et la pertinence d'une recherche sont avant tout d'ordre théorique. À cet égard, une enquête en science politique, en sociologie ou même en histoire suppose que le chercheur s'inscrive dans un espace cognitif, c'est-à-dire qu'il travaille à l'intérieur des paramètres de sa discipline scientifique. Autrement dit, les scientifiques ne sont pas les seuls à écrire sur l'histoire de la Nouvelle-France ou sur la question de la pauvreté ou des exclus. Mais ce qui distingue un politologue, un sociologue ou un historien d'un journaliste ou d'un « passionné » d'histoire ou de sociologie, c'est que les premiers fondent leurs recherches sur les connaissances théoriques qui se sont développées dans leurs disciplines respectives. L'intérêt et la pertinence de leurs travaux reposent avant tout sur des considérations théoriques. Ils cherchent à s'inscrire à l'intérieur des débats théoriques, méthodologiques et épistémologiques qui traversent leurs disciplines. La motivation première du chercheur, dit-on, est de participer et de contribuer à ces débats dans le but de faire avancer les connaissances. Au contraire, le journaliste n'a pas à se préoccuper des débats théoriques qui sévissent en sociologie pour traiter de la pauvreté à Montréal ou dans la banlieue lyonnaise. Il relate des faits, il offre quelquefois des éléments d'explication de la situation pour sensibiliser la population et/ou les élus, mais il n'a pas pour objectif de contribuer au progrès de la connaissance, ni même de valider une approche théorique. Les finalités de l'enquête ne sont pas les mêmes. À défaut de s'inscrire dans cet espace cognitif, le chercheur court le risque de ne pas être reconnu par sa communauté scientifique d'appartenance (science politique, sociologie, travail social, psychologie, etc.) La revue de la littérature permet donc au chercheur d'accéder à cet espace cognitif et d'entrer de plein pied dans les débats de la communauté scientifique de sa discipline.

Ainsi, on peut considérer que la première étape de la revue de la littérature est de saisir l'état des connaissances sur un sujet dans un espace cognitif donné (la science politique, l'histoire, la psychologie, la sociologie, le travail social, etc.) Il faut donc accéder à cet espace, c'est-à-dire essayer de se faire une idée claire des débats — théoriques, méthodologiques, épistémologiques, techniques — qui nourrissent notre discipline sur le sujet choisi. Il faut être en mesure d'identifier ces débats, d'entrer véritablement dans l'espace cognitif de sa discipline et de débattre avec la littérature existante[13]. Mais une bonne revue de la littérature ne peut pas se limiter aux questions théoriques[14]. Il faut évidemment bien connaître les fondements théoriques des problèmes qui ont déjà fait l'objet de recherches et ceux qui restent à résoudre. Il faut aussi être au fait des méthodes d'enquête qui ont été employées, d'une manière efficace ou non, vérifier la pertinence des faits et des opinions ainsi que les présupposés qui en découlent et connaître enfin les instruments de mesure qui ont été utilisés lors des recherches antérieures, ainsi que leur efficacité. Par exemple, Vincent Lemieux, dans son ouvrage *Systèmes partisans et partis politiques*[15], illustre à merveille cet effort du chercheur pour accéder à cet espace cognitif. Le premier chapitre, « L'étude

L'ÉLABORATION D'UNE PROBLÉMATIQUE DE RECHERCHE : SOURCES, OUTILS ET MÉTHODE

des partis et des systèmes partisans[16] », montre la façon dont la science politique a traité de la question des partis politiques et des systèmes partisans. Il présente les différentes approches, les auteurs importants, les thèses défendues et les modèles théoriques en vigueur en science politique pour étudier les partis politiques. En quelques pages seulement, Lemieux nous permet d'accéder à une vision globale de la littérature scientifique traitant des partis politiques et des systèmes partisans. Tout le monde ne possède pas une maîtrise de la littérature et du champ cognitif de la science politique équivalente à celle de Vincent Lemieux. En général, l'acquisition de ces connaissances constitue un travail long et difficile sur ce qui a été dit, sur la façon dont les choses ont été dites et sur les méthodes et techniques qui ont été utilisées pour faire ces enquêtes sur les partis et les systèmes partisans. On le voit, il s'agit d'un travail ardu et de longue haleine qui demande une bonne connaissance de la littérature existante sur un sujet dans une discipline donnée. Le travail paraîtra certainement complexe pour un apprenti-chercheur qui n'a pas encore fréquenté assez de textes scientifiques pour avoir acquis une connaissance solide et vaste dans son domaine.

Les choses sont cependant moins difficiles qu'elles ne le paraissent, tout simplement parce que certains éléments restreignent l'ampleur de la tâche à accomplir. Pour évaluer la nature exacte de ce travail, il faut répondre aux questions qui ne manqueront pas de se poser : 1. Quelles sont les limites de la revue de la littérature ? 2. Doit-on être exhaustif dans le travail de recherche de ce qui a été fait ? 3. Quels sont les documents qui doivent être retenus ? Nous allons maintenant essayer de donner des éléments de réponse à chacune de ces questions.

2. Les outils de la revue de la littérature

Nous avons vu plus haut les limites de la revue de la littérature et surtout nous avons pu observer qu'avec l'étape de la familiarisation le travail d'élaboration de la problématique était déjà commencé. Il faut maintenant s'arrêter un instant sur les outils, c'est-à-dire réfléchir aux outils que l'on doit utiliser pour identifier « ce qui pose problème » sur un sujet au sein d'une discipline donnée. Pour traiter de la question des outils, notre démarche sera la suivante : nous chercherons à repérer les auteurs et les ouvrages importants ayant traité d'un sujet donné. Pour ce faire, il ne faut pas partir à l'aventure sans avoir une idée de l'endroit où l'on peut repérer ces auteurs, ces ouvrages et ces articles scientifiques. Il existe des instruments qui nous permettent de les identifier d'une façon plus complète, plus systématique et plus efficace que ne le font les dictionnaires, les traités ou les encyclopédies spécialisées. Il s'agit des index bibliographiques, des fichiers documentaires et des bibliographies de bibliographies. En les consultant, nous serons plus en mesure d'identifier les auteurs, les ouvrages et les articles importants.

Il est bon de rappeler, très brièvement, ce que l'on cherche. La revue de la littérature vise à identifier les auteurs et surtout les ouvrages et les articles scientifiques (c'est-à-dire les thèses importantes) qui ont façonné la connaissance dans une discipline donnée sur un sujet précis. Le but est de problématiser ce qui a été dit, c'est-à-dire de rendre problématique — montrer en quoi la littérature sur le sujet soulève des questionnements — ce qui a été dit et fait jusqu'à maintenant.

2.1. Ouvrages et articles scientifiques

Les publications, ouvrages et articles scientifiques confondus, sont aujourd'hui fort nombreux et il est difficile, sinon impossible, de tout connaître et, surtout, de tout lire. Comment s'y retrouver dans cet amoncellement de publications et d'informations ? Pour répondre à cette question, précisons tout d'abord le type de document que nous recherchons. Il s'agit d'une recherche à caractère scientifique ; on s'intéressera donc aux ouvrages scientifiques qui portent *directement* sur notre sujet ainsi qu'aux articles de revues scientifiques. Le mot clef sur lequel il faut insister est *scientifique*. Les informations et les publications étant fort nombreuses, il faudra s'interroger sur ce qu'est un article ou un ouvrage scientifique.

Il n'est pas toujours facile de déterminer ce qu'est un ouvrage scientifique ni même une revue scientifique[17]. Commençons par le plus facile. Une revue scientifique est une revue constituée d'articles qui ont été soumis à « l'arbitrage en aveugle ». L'expression « arbitrage en aveugle » signifie que les articles reçus par les éditeurs de la revue sont envoyés à des évaluateurs anonymes qui ont le pouvoir de recommander (ou non) la publication de l'article. Ajoutons que le nom des auteurs des articles soumis est caché aux évaluateurs. Les articles publiés par ces revues sont donc reconnus par les pairs (la communauté scientifique). Il existe un nombre tellement élevé de revues scientifiques en sciences sociales et humaines — particulièrement en langue anglaise — qu'il est impossible de les consulter toutes.

Concernant les ouvrages scientifiques, il existe, chez certains éditeurs, un procédé de sélection similaire à celui appliqué par les revues scientifiques, mais la pratique n'est pas aussi répandue. Aux États-Unis, en Grande-Bretagne et au Canada anglais, les grandes maisons d'édition soumettent les manuscrits à des évaluateurs anonymes ; en France, l'évaluation des manuscrits est moins formalisée. Souvent, la décision de publier appartient à un comité de rédaction composé de chercheurs reconnus. Au Québec et dans la francophonie canadienne, il n'y a pas de véritable « arbitrage en aveugle » des manuscrits d'ouvrages[18]. La décision de publier un ouvrage appartient la plupart du temps à l'éditeur et dépend habituellement de l'actualité du sujet, des coûts de publication et surtout des subventions pour publication obtenues par l'auteur ou par l'éditeur. Il est plus facile de publier au Québec un ouvrage sur un sujet d'actualité faisant l'objet d'une préoccupation actuelle —

globalisation, pauvreté, immigration ou problèmes ethniques —, qu'une thèse aride, même si elle est très intéressante, sur la logique érotétique.

Il faut donc souvent faire appel à un autre critère pour être en mesure d'identifier les ouvrages scientifiques. En général, dans un ouvrage scientifique, on devrait retrouver les éléments suivants : revue de la littérature, proposition ou hypothèse de recherche, et présentation de la méthodologie. On attend d'un ouvrage scientifique qu'il traite de la littérature existante et qu'il prenne position dans les débats — théoriques, épistémologiques ou méthodologiques — qui traversent une discipline scientifique sur un sujet donné. Il est également supposé offrir une explication originale (thèse), en mesure de faire progresser la connaissance dans le domaine étudié.

La revue de la littérature se fait donc en grande partie avec ce type d'ouvrages et d'articles scientifiques. Nous disons « en grande partie », car il arrive aussi que des thèses jugées importantes se trouvent dans d'autres types de documents. On pense immédiatement aux essais politiques ou philosophiques, à des articles publiés dans des revues sans « arbitrage à l'aveugle », ou même à des textes publiés dans certains quotidiens prestigieux comme *Le Monde*, le *New York Times*, le *Times*, le *Globe and Mail* ou *Le Devoir*, ou dans des hebdomadaires connus comme *L'Express*, le *Newsweek*, *Esprit*, etc. Il y a, dans ces journaux et ces revues, des textes qui méritent certainement une attention particulière du chercheur. Néanmoins, la règle est généralement de les exclure de la revue de la littérature. Même si l'on reconnaît la valeur de plusieurs d'entre-eux, ils appartiennent à un autre genre que l'analyse scientifique[19] et sont rarement inscrits dans l'espace cognitif d'une discipline scientifique. Dans le cas contraire, le texte sera largement cité dans les ouvrages et articles scientifiques, et l'on pourra alors l'inclure dans sa propre revue de la littérature. Le fait qu'un texte (ouvrage ou article) soit souvent cité ou référencé dans d'autres ouvrages donne une bonne indication de sa valeur. Il faut alors l'inclure dans sa revue de la littérature même s'il n'est pas publié dans une revue scientifique.

En somme, le corpus de notre revue de la littérature devrait se composer d'ouvrages et d'articles scientifiques de notre discipline sur notre sujet ; et elle devrait se limiter à ces derniers. Dès lors, comment trouver ces ouvrages et articles scientifiques ?

2.2. La recherche de la littérature

Il serait facile de répondre que tout chercheur est censé connaître les auteurs, les thèses et les ouvrages importants de sa discipline. Mais cette réponse est trop simple pour avoir une réelle valeur pédagogique. Si l'on peut reconnaître aux chercheurs expérimentés cette « culture disciplinaire », il ne faut pas oublier qu'ils n'ont pas toujours été aussi expérimentés et que la revue de la littérature concerne autant les étudiants de baccalauréat que ceux qui préparent des thèses de doctorat ou des recherches subventionnées. Il faut bien commencer quelque part.

Évidemment, on peut toujours dépouiller les grandes revues de sociologie, de science politique, de géographie, d'histoire ou de travail social, ou bien demander à des spécialistes d'identifier pour nous les ouvrages importants sur telle ou telle question, mais ces démarches, outre le fait qu'elles soient très coûteuse en terme de temps, n'ont aucune valeur pédagogique. Ce n'est pas de cette manière qu'un apprenti-chercheur apprendra à faire une recherche et une revue de la littérature. Sans parler du fait que le résultat pourrait comporter certaines lacunes. Il arrive que certains textes importants soient oubliés ou peu cités parce qu'ils ne s'inscrivent pas dans les débats actuels. Une véritable recherche bibliographique permettra alors de les découvrir. De plus, aussi expérimenté et aussi spécialisé qu'un chercheur puisse être sur un sujet, il ne peut pas tout connaître. Il faut donc être en mesure d'établir soi-même le corpus de sa revue de la littérature. Pour ce

faire, il existe des instruments fort utiles. Ils sont de deux ordres :
A. Les index bibliographiques et index bibliographiques informatisés (CDROM) ; B. Les fichiers documentaires et bibliographies de bibliographies.

A. Index bibliographiques et index bibliographiques informatisés

Il existe, dans les différentes disciplines des sciences sociales et humaines, des index bibliographiques[20]. Il s'agit essentiellement d'un outil de recherche conçu à l'intention des chercheurs, des étudiants et des bibliothécaires, et dont la fonction est de répertorier les publications des revues scientifiques. Les index bibliographiques offrent un répertoire extrêmement vaste comprenant plusieurs centaines de revues scientifiques en plusieurs langues. Les publications répertoriées sont quelques fois accompagnées d'un bref résumé (*abstract*). En ayant une idée assez précise de ce que l'on cherche, il est alors facile de repérer rapidement une multitude de textes pertinents.

Les index bibliographiques informatisés[21] sont devenus aujourd'hui des répertoires extrêmement importants et utiles pour repérer les articles ou même les ouvrages scientifiques. Ils remplissent la même fonction que les index bibliographiques, mais leur mise à jour régulière permet d'avoir accès aux publications les plus récentes. Ils sont faciles à utiliser et disponibles dans la grande majorité des bibliothèques universitaires. Parmi les plus importants, il faut mentionner *Dissertation Abstract*, *Sociofile*, *Philosophical Index*, *Sociological Index*, etc.

De plus, on ne saurait passer sous silence les énormes possibilités qu'offre la navigation sur Internet dans la mesure où il est possible d'avoir accès aux bibliothèques du monde entier et à de multiples sites qui proposent une importante documentation sur de nombreux sujets. Beaucoup de chercheurs ont aujourd'hui leurs propres sites Internet, accessibles au public. On trouve une liste de leurs publications et des recherches en cours, ainsi qu'une multitude d'autres renseignements qui peuvent être fort utiles. Beaucoup d'universités et surtout de bibliothèques universitaires ont aussi leur site Internet. On peut y consulter les plus grandes bibliothèques — universitaires ou non — du monde. La navigation sur Internet exige toutefois une certaine prudence. Le vaste réseau Internet comporte beaucoup d'informations, mais celles-ci ne sont pas toujours fiables. Ici aussi, il importe de se donner une règle à suivre : les documents répertoriés doivent avoir une valeur reconnue, c'est-à-dire que la source du document doit être facilement identifiable. Tout document cité doit pouvoir être retrouvé facilement et authentifié par un autre chercheur.

Face à la multiplication des outils de travail, il est bon de rappeler un certain nombre de précautions à prendre. Il est désormais facile de constituer des bibliographies très imposantes et plus personne ne se laisse impressionner par celles qui comprennent plusieurs centaines de titres. Lorsque l'on constitue le corpus de sa revue de la littérature, il faut privilégier la qualité des ouvrages et des articles scientifiques colligés sur leur quantité. Il est également important de garder à l'esprit certains principes de base. Par exemple, avant de noter un document dans sa revue de la littérature, il faut s'assurer de sa disponibilité (langue, lieu de publication, édition, etc.) La majorité d'entre-nous sommes limités par des contraintes de temps. Il faut donc s'assurer de la disponibilité d'un document dans un délai raisonnable. Il faut également choisir des textes écrits dans une langue accessible. En effet, il est inutile de prendre l'adresse bibliographique d'un ouvrage écrit en finlandais si on ne lit pas cette langue, même si l'article semble très intéressant pour notre propos. Gardons aussi à l'esprit que l'on ne cite que les ouvrages et les articles scientifiques qui ont réellement servi à notre revue de la littérature.

Par ailleurs, il est important d'avoir une stratégie efficace pour interroger les index bibliographiques. On peut toujours imprimer tout ce que l'index bibliographique informatisé nous propose et faire le tri après-coup. Cette stratégie, largement utilisée par les étudiants, n'est pas aussi efficace qu'elle ne le paraît. Elle prend beaucoup de temps et ne permet pas de réduire le corpus à une dimension raisonnable. Nous croyons qu'il vaut mieux se servir de mots-clés (descripteurs) afin de sélectionner les documents les plus pertinents. Par exemple, pour une recherche sur la pauvreté dans la banlieue lyonnaise, nous pouvons utiliser les descripteurs suivants en les combinant en fonction de l'aspect traité de notre sujet : pauvreté, Lyon, France, XXe siècle, banlieue française, manifestation, faim, paupérisation, prolétaire, entraide ou solidarité sociale, etc. Ce faisant, nous opérons une sélection pertinente dans les index bibliographiques informatisés en cernant le sujet à l'aide des descripteurs avant même de consulter tout ce que la banque peut proposer sur un sujet. On pourra lire avec intérêt, sur la stratégie de recherche à suivre dans la consultation des index et autres outils bibliographiques, l'excellent *Guide de recherche documentaire en science politique*[22], produit par Évelyne Tardy (avec la collaboration de Mohamed Lagzali et Jean-Bernard Parenteau).

B. Bibliographies spécialisées et bibliographies de bibliographies

Il existe d'autres documents fort utiles auxquels on ne pense pas spontanément. Les bibliographies spécialisées et les bibliographies de bibliographies permettent de prendre connaissance rapidement de la littérature pertinente[23] traitant de notre sujet. Il y a aussi les états de la question et les notes de lecture présentes dans certaines revues scientifiques. Par exemple, Laurence Morel offre, dans son ouvrage, un état de la question sur les référendums[24].

3. Les limites de la revue de la littérature

Les limites de la revue de la littérature se définissent en fonction de trois éléments : 1. le sujet traité ; 2. la discipline ; 3. la théorie. Avec ces trois limites, la tâche semble moins ambitieuse qu'elle ne le paraissait au départ. De plus, on peut facilement imaginer que l'ampleur du travail variera selon le type de recherche que l'on veut entreprendre. Par exemple, on n'exigera pas la même revue de la littérature dans le cadre d'un travail au baccalauréat que dans celui d'une thèse de doctorat. Les exigences ne sont pas les mêmes, les objectifs poursuivis étant différents. Nous aborderons ces questions dans le chapitre suivant en essayant de donner quelques conseils à ce sujet.

3.1. Le sujet traité

Pour être efficace, il faut éviter de faire des revues de la littérature sur l'ensemble des sujets qui traversent une discipline donnée. Un tel travail serait trop long et ne conduirait pas à l'objectif recherché : essayer d'identifier « ce qui pose problème » sur un sujet dans le cadre d'une discipline donnée. Il est préférable de limiter ses recherches au sujet qui nous concerne. La question de départ joue ici un rôle important : elle permet de réduire le champ de la recherche au sujet qui nous intéresse et même d'en préciser les aspects.

Prenons l'exemple d'un individu qui s'intéresse à la pauvreté dans la banlieue lyonnaise. Il lui faudrait d'abord se familiariser avec son sujet : lire ce qui a été écrit dans les quotidiens ou les hebdomadaires français afin de relever les faits ou les événements importants pouvant l'aider à comprendre les enjeux liés à la pauvreté dans la banlieue lyonnaise (manifestations, prises de positions de certains élus, organismes d'entraide, etc.) Cette première démarche est importante, mais elle est trop limitée pour qu'elle circonscrive la revue de la littérature. Le chercheur devra absolument définir les notions clefs de son sujet (par exemple : pauvreté, banlieue lyonnaise, etc.) avant même de partir à la recherche d'articles ou d'ouvrages scientifiques. Dans ce type de recherche, il est évident que l'idée de pauvreté est très importante. Le chercheur devra se faire une idée assez précise de cette notion. Ce sera de cette façon qu'il parviendra à circonscrire son sujet. Son expérience personnelle et son opinion ne lui seront d'aucun secours, du moins contribueront-elles à un apport très limité. Déjà, à ce niveau, un effort doit être fait pour se débarrasser des opinions préconçues, des préjugés et des idées reçues sur la pauvreté. Cela n'est pas facile, car nous avons souvent une opinion toute faite à ce sujet. Avoir une opinion, c'est renoncer à comprendre. Les préjugés constituent souvent de véritables obstacles à la compréhension de notre sujet[25].

Les outils pour faire ce travail de familiarisation sont de deux ordres :
1. Dictionnaires et encyclopédies spécialisés ;
2. Ouvrages généraux et manuels : traités, manuels d'histoire (histoire de la pensée, des doctrines politiques, des idéologies ; histoire de l'urbanisation, de la sociologie, du travail social), *handbook*, etc.

Que cherche-t-on en consultant ces dictionnaires et ces ouvrages généraux ? Premièrement, il s'agit de se constituer une culture générale suffisamment solide sur un sujet pour le traiter en connaissance de cause. On imagine mal, en effet, un chercheur qui s'intéresserait aux relations entre les États-Unis et Cuba et qui ne connaîtrait pas, par exemple, la date exacte de la Crise des missiles. Ou encore, un autre chercheur qui poursuivrait une recherche sur la pauvreté dans la banlieue lyonnaise et qui n'aurait aucune définition précise de la notion de pauvreté ou qui ne saurait pas localiser la ville de Lyon sur une carte. Cette situation n'est pas si rare, contrairement à ce que l'on pourrait penser de prime abord. On traite souvent de questions et de problèmes qui nous intéressent depuis longtemps et sur lesquels on s'est informé plus ou moins régulièrement. On croit donc, en général, bien « posséder un sujet », c'est-à-dire être familier avec lui. Pourtant, le manque de familiarisation avec le sujet constitue un des problèmes récurrents en recherche. En raison de notre intérêt pour un sujet donné, nous pensons souvent connaître les événements et les faits importants ayant trait à notre sujet alors que nous pouvons en ignorer certains ayant une grande importance ou encore mal saisir leur portée.

Deuxièmement, la lecture et la consultation de dictionnaires et d'ouvrages généraux ont souvent une fonction méthodologique importante. Elles permettent de commencer le travail de réduction méthodologique du sujet en amorçant la construction de l'objet de la recherche. Il s'agit de l'étape de la familiarisation. En travaillant avec les bons outils, la familiarisation devrait nous permettre d'atteindre ces deux objectifs. Voyons maintenant à quoi servent plus précisément les outils que nous avons identifiés plus haut.

Les encyclopédies[26] et les dictionnaires[27] spécialisés fournissent des informations élémentaires pertinentes sur un sujet donné (définition rigoureuse des concepts, perspective historique, etc.) De plus, certains dictionnaires et encyclopédies spécialisés répertorient le plus souvent le nom des auteurs importants qui ont traité de cette question, ainsi que plusieurs titres d'ouvrages pertinents. C'est notamment le cas de l'*Encyclopaedia Universalis*[28] qui rassemble des articles traitant d'un nombre considérable de sujets directement liés aux sciences humaines et sociales. L'exemple de la pauvreté est particulièrement intéressant. En consultant le thesaurus de l'*Encyclopaedia Universalis*, on compte une douzaine d'entrées sous le terme « pauvreté » : cela signifie que l'encyclopédie traite de cette question dans plusieurs tomes et sous des aspects différents allant du changement social à l'histoire de la pauvreté en passant par la théorie économique du tiers-monde. Ce sont là autant d'aspects de la pauvreté qui peuvent nous intéresser. De plus, en prenant comme exemple l'article sur l'histoire de la pauvreté, on trouve une bonne analyse accompagnée d'une bibliographie succincte mais pertinente. Celle-ci peut constituer un point de départ intéressant pour la recherche des auteurs importants sur le sujet.

Les dictionnaires spécialisés peuvent être utiles pour la définition des concepts ou des notions clefs d'une discipline. Le *Dictionnaire critique de la sociologie* de Raymond Boudon et François Bourricaud est exemplaire à ce sujet. Il donne, en quelques pages, une définition claire du concept ou du terme recherché, présente une brève genèse des recherches existantes sur le sujet (les auteurs et ouvrages importants, l'évolution du concept, les différents courants théoriques qui l'ont utilisé et la manière dont ils l'ont fait, par exemple) et expose les limites et les difficultés que pose la notion recherchée. En utilisant ce dictionnaire, un chercheur peut se faire, en quelques pages, une bonne idée d'un concept important pour sa recherche. De plus, cette consultation lui aura permis de repérer des éléments bibliographiques (auteurs, ouvrages et articles) utiles à sa revue de la littérature. Enfin, il faut le rappeler, car on a souvent l'habitude de restreindre sa recherche[29] aux outils de sa discipline scientifique, il n'y a rien de mieux qu'un dictionnaire de philosophie pour obtenir une définition précise d'un concept. Rien ne s'oppose donc à la consultation de dictionnaires spécialisés, d'encyclopédies ou d'ouvrages généraux d'autres disciplines scientifiques connexes à la nôtre.

Les ouvrages généraux — traités ou manuels — offrent le même type d'informations, mais ils sont davantage spécialisés. Par exemple, un chercheur en science politique consultera avec beaucoup d'intérêt le *Traité de science politique*[30], de Jean Leca et Madeleine Grawitz, qui présente un état de la question de certains des grands thèmes de la science politique (les régimes politiques et les institutions, les groupes politiques, les politiques publiques, la socialisation politique, etc.) Si le premier tome jette un regard sur la science politique comme science sociale, les autres tomes portent

L'ÉLABORATION D'UNE PROBLÉMATIQUE DE RECHERCHE : SOURCES, OUTILS ET MÉTHODE

sur des questions plus spécifiques comme les régimes politiques contemporains (II), l'action politique (III) et les politiques publiques (IV). Chaque chapitre, divisé en sous-chapitres, est consacré aux débats scientifiques. Il couvre une large période (de l'Antiquité à nos jours) et met l'accent sur l'aspect cumulatif des connaissances. Il permet ainsi de se constituer une idée assez précise des débats, en choisissant les travaux pertinents qui ont marqué le progrès des connaissances. Il faut souligner aussi le *Traité des problèmes sociaux*[31], de Fernand Dumont, qui offre des analyses très fouillées sur les grands problèmes sociaux contemporains : pauvreté, maladie, marginalité et exclusion, déviance, conflits des valeurs, etc. Chaque analyse présente une véritable revue de la littérature sur le sujet traité. Par exemple, deux textes traitent de la pauvreté[32]. On y trouve les recherches et études importantes publiées dans différents pays (États-Unis, Canada, Québec, France, entre autres) sur le thème traité ainsi qu'une bibliographie sélective se rapportant au même sujet. Il peut être intéressant pour un apprenti-chercheur de noter la manière dont les auteurs font leur revue de la littérature : la façon dont ils présentent les recherches et les études, dont ils les confrontent les unes aux autres et dont ils formulent leur propre problématique. Le *Traité des problèmes sociaux*[33] a une grande valeur pédagogique à ce niveau. D'ailleurs, il pourrait être intéressant pour les apprentis-chercheurs d'inclure les problématiques de l'ouvrage ci-dessus dans leur propre revue de la littérature. On voit bien tous les avantages que l'on peut tirer d'une consultation des traités !

Introduction critique à la science politique[34] offre, pour sa part, un regard critique en insistant sur les débats et les problématiques théoriques qui traversent quelques-uns des grands champs de la science politique (relations internationales, administration publique, philosophie politique, économie politique, etc.) Le chercheur y trouvera les principaux auteurs, ainsi que les théories qu'ils soutiennent et qui ont marqué chacun des champs de la science politique. En langue anglaise, il existe aussi de nombreux

Handbook sur différents sujets (par exemple, *Handbook of political science*[35]). Ils permettent de retrouver les auteurs et les ouvrages importants, ainsi que les définitions précises de concepts et les débats théoriques touchant certaines questions[36]. Ajoutons à cette liste (toujours en langue anglaise) la très utile série des *Companions to*[37] qui offre une perspective générale — accompagnée des concepts, des auteurs importants, des théories, des indications bibliographiques, etc. — dans des champs de recherche comme l'épistémologie, la philosophie politique, l'histoire locale et familiale, la sociologie, etc. Les *Companions to* méritent d'être consultés par quelqu'un qui désire se faire une bonne idée de la littérature existante sur un auteur, un champ disciplinaire ou un sujet.

Enfin, on consultera aussi, selon le sujet et le type de familiarisation souhaités, des ouvrages de nature historique : histoire des idéologies, des doctrines politiques, des conceptions du pouvoir ou encore, purement et simplement, des ouvrages historiques sur Cuba, le système de santé au Québec, sur l'histoire de la pauvreté en France, etc.[38] Ces ouvrages offriront au chercheur une connaissance approfondie de son sujet de recherche qui l'assureront d'être au fait des événements importants relatifs à ce dernier.

Il ne faudrait pas oublier de consulter les répertoires de thèses[39]. Ceux-ci se trouvent, en général, dans les bibliothèques universitaires. Une thèse est toujours une mine d'informations intéressantes pour notre sujet : elle offre une revue de la littérature, une thèse à débattre, ainsi qu'une bibliographie des auteurs et des ouvrages à consulter, en plus d'être, dans de nombreux cas, un exemple à suivre pour élaborer sa propre problématique et sa revue de la littérature. Il est vrai qu'il peut exister un nombre considérable de thèses sur un sujet, mais cela n'est pas une raison suffisante pour nous dispenser de les lire.

Une fois le travail de familiarisation accompli, l'auteur devrait être en mesure de mener une discussion intelligente et informée sur son sujet et, surtout, de démontrer qu'il utilise à bon escient les références qu'il a trouvées[40]. La familiarisation n'apporte pas toujours une connaissance approfondie, mais elle permet de connaître suffisamment un sujet pour éviter les erreurs de datation, pour identifier les événements et les faits importants à retenir, pour définir correctement les concepts et, surtout, pour être en mesure de les utiliser efficacement. Il s'agit donc d'une étape primordiale qui prépare efficacement à la revue de la littérature.

La familiarisation ne vise pas qu'à accroître la culture générale du chercheur ; elle a également une dimension méthodologique non négligeable. Elle permettra notamment au chercheur de délimiter son sujet dans le temps et l'espace. En effet, le problème que rencontre le plus souvent un chercheur est celui de la délimitation spacio-temporelle de son sujet. Au point de départ de la recherche, les ambitions sont souvent très grandes. Il n'est pas rare de voir un étudiant, y compris au niveau doctoral, proposer des sujets extrêmement vastes, du type : une analyse comparative du système de santé entre la France, le Québec et le Nouveau-Brunswick. D'autres, plus ambitieux encore, veulent remettre en question — pour ne pas dire « renverser » — toute la philosophie politique occidentale. Ce ne sont pas là des travaux de recherche, mais l'œuvre de toute une vie et peut-être même de deux !

Plus souvent qu'il n'y paraît, il faut réduire l'ampleur de son sujet. L'une des façons les plus efficaces pour y parvenir consiste à le délimiter dans le temps et dans l'espace. Pour reprendre l'exemple des systèmes de santé mentionné plus haut, le sujet pourrait se limiter à une période donnée, (par exemple 1980-90) et la comparaison se restreindre au Québec et au Nouveau-Brunswick. Ensuite, au lieu d'étudier toutes les régions de chacune de ces provinces canadiennes, on pourrait réduire l'enquête à une région particulière : la péninsule acadienne (Caraquet, Tracadie pour le Nouveau-Brunswick) et la Gaspésie pour le Québec.

Il serait même possible pour le chercheur, grâce à ses lectures préliminaires, de préciser ce qui l'intéresse dans le système de santé : l'accès des bénéficiaires au système de santé, la nature des soins offerts, les coûts afférents, la rémunération des médecins, etc. La familiarisation devrait permettre au chercheur de préciser l'aspect du sujet qui l'intéresse. C'est l'un des objectifs visés par cette étape de la recherche.

Le sujet est désormais plus précis et ressemble de plus en plus à un objet de recherche, même si l'on n'a pas encore traité de la littérature sur cette question.

FAMILIARISATION

Sujet : Connaître les *faits importants*
Définir les *concepts clefs* de son sujet

Objectif : Pouvoir mener une discussion informée et intelligente sur le sujet

Outils : - Quotidiens et hebdomadaires
- Dictionnaires spécialisés
- Encyclopédies spécialisées
- Ouvrages généraux : traités, ouvrages de nature historique

Résultats : - Délimitation spatio-temporelle du sujet
- Précision de l'aspect traité

3.2. La discipline

En général, nous l'avons déjà dit, la revue de la littérature se limite à ce qui a été dit dans notre discipline. En tant que sociologue, je commence donc par explorer la littérature existante sur mon sujet en sociologie. La sociologie est un champ scientifique très vaste. Il est donc nécessaire d'étendre cette exploration aux autres champs pertinents et connexes à l'analyse sociologique : sociologie du travail, sociologie politique, sociologie de la famille, etc. Ce principe est valable pour la majorité des disciplines des sciences humaines et sociales : il faut toujours se limiter d'abord à sa propre discipline. Ensuite, nous pouvons aller voir la façon dont notre sujet est traité dans d'autres disciplines : la science politique, le travail social, la sexologie, la psychologie, etc. Un exemple nous vient immédiatement à l'esprit : le vote et l'élection. La sociologie et la science politique s'intéressent à cette question. On voit mal un politologue préparer une enquête sur les élections québécoises ou françaises en ignorant les travaux de ses collègues sociologues. C'est pourquoi sa revue de la littérature devra déborder du champ de la science politique et explorer les recherches sociologiques existant sur son sujet. La même pratique peut être valable avec plusieurs autres sujets en sciences sociales puisque la compréhension des problèmes sociaux nécessite l'apport de plusieurs variables utilisées dans les différentes sciences humaines et sociales. Dès lors, il est légitime de se demander si la discipline peut réellement délimiter la revue de la littérature ?

Il est difficile de répondre catégoriquement à cette question. La discipline est une limite réelle, mais il faut parfois en déborder et tendre vers les disciplines connexes pour identifier les ouvrages et les articles scientifiques pertinents pour notre sujet. De plus en plus de problèmes sociaux ne peuvent être traités que d'une manière inter ou pluridisciplinaire. C'est pourquoi les travaux importants issus d'autres disciplines scientifiques ne devraient pas être ignorés. Nous verrons un peu plus loin qu'il existe une autre façon de limiter la revue de la littérature : la pertinence des ouvrages et des articles scientifiques.

3.3. La théorie

La théorie est une autre façon de limiter l'ampleur de la revue de la littérature. Cette dernière devrait se restreindre, lorsque cela est possible, au modèle théorique qui est le nôtre. D'emblée, un tel principe pose problème. Il arrive souvent qu'à cette étape le chercheur — ou l'apprenti-chercheur — n'ait pas encore de modèle théorique de référence. Cette situation, surtout chez les chercheurs débutants, est plus fréquente qu'on ne le pense. Il arrive aussi que certains modèles théoriques n'aient pas ou peu traité du sujet en question. Enfin, et le problème est ici plus important, on peut se demander comment on peut repérer tout « ce qui est connu » si l'on se limite à une seule approche théorique. Comment participer à des débats théoriques dans notre discipline en restreignant notre recherche à une seule approche théorique ? Ces questions sont tout à fait pertinentes, mais il est difficile d'y répondre d'une façon catégorique.

La revue de la littérature suppose une confrontation, un dialogue entre différents points de vue. C'est pourquoi beaucoup de chercheurs préféreront ne pas tenir compte de ce critère et partiront à la recherche de ce qui a été dit sur leur sujet sans référence privilégiée à un modèle théorique particulier. En procédant ainsi, ils se donnent la possibilité d'accéder à cette fameuse frontière entre « ce qui est connu » et « ce qui ne l'est pas ». Cela dit, il ne faudrait pas croire que la théorie ne peut constituer une limite pour la revue de la littérature, car elle permet, lorsqu'elle a déjà traité de notre sujet, d'inscrire notre recherche dans des débats théoriques et de participer activement à ceux-ci.

4. Pertinence et importance de la littérature

Une fois les bons outils en mains, il reste à répondre à deux questions importantes. La première est de savoir si nous devons retenir la totalité des ouvrages ou articles scientifiques pour la revue de la littérature. La seconde est de définir ce qu'est un ouvrage — ou un article — dit « scientifique ».

Pour la question de l'exhaustivité de la revue de la littérature, la réponse nous a déjà été fournie plus haut. Il est impossible de rendre compte de toute la littérature sur un sujet et, surtout, de tout lire. Cependant, lorsqu'on parle d'une revue de la littérature exhaustive cela ne signifie pas qu'il faille tout prendre et tout lire, mais plutôt que le chercheur doit faire état des travaux existants et des recherches en cours : les courants de pensées, les modèles théoriques utilisés, les manières d'aborder le problème, les questions soulevées, et les méthodes et approches utilisées pour traiter de la question. Il doit connaître tout (exhaustif) ce qui est important et pertinent sur son sujet.

Être exhaustif n'est pas le seul critère qu'il faille retenir pour la constitution de notre corpus de la revue de la littérature. S'il faut rechercher les ouvrages et les articles scientifiques pertinents, il nous faut alors définir ce qu'est un ouvrage ou un article scientifique pertinent.

La définition du mot pertinent (« Qui répond exactement à la chose en question[41] ») rend justice à ce qu'un chercheur doit faire dans sa revue de la littérature. En effet, il s'agit de repérer les ouvrages et les articles scientifiques qui concernent directement notre sujet. Une revue de la littérature pertinente rassemble les recherches qui ont un lien évident avec le sujet. Le chercheur est aussi en mesure de montrer la concordance des éléments bibliographiques avec le sujet étudié. En fait, l'idéal serait de repérer des auteurs — ou les ouvrages et les articles scientifiques — qui ont traité exactement du même sujet. C'est à ce niveau qu'il faut être exhaustif en faisant état de toutes les recherches ; c'est d'abord cette littérature qu'il faut rendre problématique.

Par ailleurs, si le critère de pertinence est nécessaire, il n'est pas suffisant pour faire une bonne revue de la littérature. Il faut aussi identifier, comme nous l'avons dit plus haut, les ouvrages et les articles importants. La familiarisation a permis de faire une partie de ce travail, mais c'est souvent insuffisant pour se faire une idée précise des textes et des auteurs importants. Comment peut-on les identifier ? Avant de répondre à cette question, il faut d'abord définir ce qu'est un ouvrage important.

En général, un ouvrage est considéré primordial lorsqu'il représente, aux yeux de la communauté scientifique concernée, un apport substantiel permettant le progrès de la connaissance dans une discipline ou sur un sujet donné. Autrement dit, un ouvrage est important lorsqu'il constitue une étape essentielle dans le progrès des connaissances. Il s'agit d'une définition très exigeante et il faut bien reconnaître qu'il existe des ouvrages considérés importants qui ne répondent pas exactement à cette définition. En fait, très peu d'ouvrages pourraient prétendre être importants selon notre définition. Il faut donc procéder autrement.

Une autre façon de considérer le problème consiste à identifier les auteurs ou les ouvrages qui sont le plus souvent cités par les auteurs. C'est là le signe non seulement de leur reconnaissance, mais aussi d'un apport certain de l'ouvrage ou de l'article au progrès des connaissances de la communauté scientifique. À titre d'exemple, l'ouvrage de Raymond Aron, *Paix et guerre entre les nations*[42], est très souvent cité par les spécialistes des relations internationales. Il semble donc difficile de l'ignorer dans un travail de recherche d'une certaine envergure. Quant à ceux qui s'intéressent aux idéologies au Québec, l'ouvrage de Fernand Dumont, Jean-Paul Montminy et Jean Hamelin, *Idéologies au Canada français*[43], est considéré comme essentiel ; aucune revue de la littérature portant sur les idéologies au Québec ne devrait le négliger.

La démarche que nous proposons pour identifier les ouvrages et les articles scientifiques importants est essentiellement fondée sur la lecture et sur ce que certains appellent « l'effet boule de neige ». Il faut rechercher dans les index bibliographiques (ou index bibliographiques informatisés) les auteurs identifiés lors de la familiarisation et repérer les ouvrages ou articles qui y sont cités.

L'ÉLABORATION D'UNE PROBLÉMATIQUE DE RECHERCHE :
SOURCES, OUTILS ET MÉTHODE

Cette lecture des auteurs et de leurs textes va nous permettre d'identifier d'autres textes et d'autres auteurs. Et, par « l'effet boule de neige », on aura une bonne idée des textes importants de notre corpus. Il est recommandé de commencer par les ouvrages et les articles les plus récents et, en procédant par genèse, de remonter dans le temps. On comprend ainsi pourquoi le corpus de la revue de la littérature devrait être composé en majorité d'articles de revues scientifiques : la recherche de pointe est d'abord publiée dans ces revues. En effet, le texte d'une revue scientifique prend moins de temps à être publié qu'un ouvrage.

Enfin, il faut ajouter que la constitution d'un corpus n'est jamais complètement terminée. En cours de route — pendant la lecture de son corpus — de nouvelles publications peuvent toujours s'ajouter. Des articles continuent à paraître dans des revues et même des ouvrages sont publiés. Il arrive aussi que l'on découvre des textes importants au moment de rédiger un rapport de recherche, un article scientifique, un mémoire de maîtrise ou une thèse de doctorat. Il ne faut pas les exclure (à moins que la rédaction ne soit pratiquement terminée) mais en faire état dans la revue de la littérature. Cependant, et c'est là un problème chez plusieurs étudiants, il faut savoir mettre fin à ses lectures.

Le corpus de la revue de la littérature comprend tous les ouvrages et articles scientifiques pertinents et importants du domaine. Devons-nous faire, demandera un étudiant de baccalauréat, une revue de la littérature pertinente et exhaustive pour tous nos travaux ? Que faire lorsqu'il n'existe pas de littérature sur un sujet ? Quelle doit être l'importance de la revue de la littérature ? Doit-il y avoir 10, 15 ou 20 ouvrages ? Vingt, 25 ou 30 articles scientifiques ? Faut-il citer les ouvrages ou les articles qui ont été publiés dans les années 1940 ou 1950 ? Sinon, à quelle(s) année(s) faut-il arrêter sa revue de la littérature ? Voilà plusieurs questions, très pertinentes, qui ne manqueront pas de se poser. Nous allons essayer de donner quelques éléments de réponse à ces interrogations légitimes dans la mesure où l'ampleur de la revue de la littérature est variable selon le type de recherche que l'on veut entreprendre.

REVUE DE LA LITTÉRATURE

Passage du sujet à l'objet de recherche

But :   - Identifier les ouvrages et les articles scientifiques sur le sujet
- Problématiser ce qui a été écrit sur le sujet
- Formuler une question spécifique de recherche

Outils : - Index bibliographiques spécialisés
- Index bibliographiques informatisés
- Fichiers documentaires
- Bibliographies de bibliographie

5. Quelques difficultés

Nous venons d'énoncer quelques problèmes courants auxquels est confronté le chercheur lorsqu'il entreprend sa revue de la littérature. Nous pouvons les réduire à deux types de problèmes : ceux portant sur le sujet lui-même et ceux concernant le type de recherche envisagée, ce dernier problème incluant celui de la taille du corpus de la revue de la littérature. Commençons par le sujet.

5.1. Le sujet

La revue de la littérature doit se limiter à notre sujet, c'est-à-dire, en reprenant les exemples utilisés plus haut, à ce qui a été écrit sur la pauvreté dans la banlieue lyonnaise, éventuellement dans les banlieues françaises, ou sur le système de santé au Québec ou au Nouveau-Brunswick. Cela devrait être suffisant pour avoir une idée assez nette de ce qui a été publié sur le sujet et pour connaître les débats théoriques qui traversent la science politique sur la question de la pauvreté ou la sociologie sur le système de santé. Une première difficulté se présente à ce niveau : tous les sujets ne sont pas traités de la même façon dans les différentes sciences sociales.

Il y a des sujets qui se prêtent plus facilement à la revue de la littérature. L'explication est relativement simple : il s'agit de sujets qui jouissent — souvent pendant un certain temps — d'une grande popularité auprès de la communauté scientifique. Par exemple, au cours des années 1960, on s'est beaucoup intéressé aux classes sociales en raison de l'importance qu'avait la théorie marxiste dans la communauté scientifique en sociologie, en science politique et même en philosophie. Il était alors relativement facile de faire une bonne revue de la littérature sur les classes sociales. Aujourd'hui, d'autres sujets ou d'autres thèmes ont remplacé les classes sociales. En science politique, pour prendre cet exemple, on s'intéresse beaucoup à la démocratie, à la justice et à l'éthique. Le pouvoir est abondamment traité par la littérature en idées et en philosophie politiques. L'économie et les théories économiques (libéralisme, néo-libéralisme) font l'objet de plusieurs recherches dans différentes disciplines. En relations internationales, la tendance est à l'analyse des régimes de coopération entre États. On s'intéresse beaucoup aussi à la mondialisation, à la globalisation, à la régionalisation et à la sécurité humaine. Sur ces questions, on n'aura pas de grandes difficultés à trouver une littérature abondante.

On peut imaginer aussi que des chercheurs s'intéressent à des questions moins prisées par la communauté scientifique. Par conséquent, ils auront de la difficulté à trouver des écrits sur leur sujet. On peut même découvrir qu'il n'y a rien d'écrit sur tel ou tel sujet. Est-ce à dire qu'il est impossible de faire une revue de la littérature ? Avant de tirer cette conclusion, quelques vérifications s'imposent.

D'abord, il est possible que notre sujet soit extrêmement précis ou encore qu'il s'agisse d'un phénomène social trop récent pour qu'il ait fait l'objet de recherches. Il sera alors effectivement difficile de trouver des ouvrages en ayant déjà traité. Est-il possible dans ces conditions de faire une revue de la littérature ?

À cette question, il faut répondre par l'affirmative. Commençons d'abord par le cas le plus facile : celui du phénomène social tellement récent que la communauté scientifique n'a pas encore eu le temps de le traiter. Par exemple, au moment de la chute du mur de Berlin, un chercheur intéressé par le sujet aurait évidemment constaté le peu — pour ne pas dire l'absence — de travaux scientifiques existants. Comment aurait-il pu procéder ?

D'abord, aussi surprenant que cela puisse paraître, avant de conclure qu'il n'existe pas d'écrits sur un sujet, il faut s'en assurer. C'est pourquoi la recherche de textes doit s'étendre non seulement aux travaux écrits dans sa langue, mais aussi à ceux publiés dans d'autres langues. Il faut aussi regarder s'il n'y a pas eu de recherches sur le sujet dans d'autres disciplines. À l'évidence, pour notre exemple, une telle recherche n'aurait conduit à rien. Dans ce cas, il importe d'élargir son sujet. Par exemple, la chute du mur de Berlin est liée au problème de légitimité du pouvoir dans les pays communistes. La revue de la littérature pourrait explorer ce sujet, plus large que la crise de la chute du mur de Berlin, mais néanmoins lié à elle. On pourrait explorer les rapports entre les deux Allemagnes ou même la question des réfugiés des pays communistes. Le principe étant d'élargir les recherches à des sujets connexes pour permettre au chercheur d'identifier les théories qui traitent de ces questions et les outils méthodologiques qui ont été utilisés pour en traiter. Il sera alors au moins possible de faire une revue de la littérature de ces textes et de voir la façon dont on peut, ou non, appliquer les théories et les méthodes à notre sujet.

L'ÉLABORATION D'UNE PROBLÉMATIQUE DE RECHERCHE : SOURCES, OUTILS ET MÉTHODE

Le même principe s'applique dans le cas d'une recherche trop pointue ou trop locale. On pense ici à un chercheur qui s'intéresserait au libellé des questions posées lors des référendums québécois. En limitant sa recherche au cas québécois, le chercheur risque de ne trouver que peu d'études sur cette question[44]. Mais en adoptant une fois encore une perspective plus large sur le sujet, par exemple en identifiant les auteurs qui ont traité de ce problème à partir des expériences européennes ou états-uniennes, le chercheur pourra rassembler un nombre plus important d'ouvrages et d'articles scientifiques. On y trouvera les théories et les méthodes avec lesquelles les sociologues et les politologues ont traité de ce sujet. De cette façon, la revue de la littérature permettra de s'inscrire dans les débats qui ont lieu à l'intérieur d'un champ cognitif. Le chercheur pourra ainsi problématiser la littérature relative aux questions référendaires et dégager, ainsi, un champ de questionnement relatif à la formulation de la question lors des référendums québécois. En procédant de cette façon, une revue de la littérature sera généralement possible.

Il peut toujours arriver que, malgré la meilleure volonté du monde, on ne trouve rien. Dans ce cas, la solution est relativement simple : la revue de la littérature consistera à dire qu'il n'existe aucun ouvrage ou article scientifique sur ce sujet. Ce serait le cas, par exemple, pour quelqu'un qui s'intéresserait à John R. Saul. Il n'existe aucune étude sur son oeuvre politico-littéraire. Dans ce cas précis, la question de recherche dépendra exclusivement de la manière d'aborder le sujet. Autrement dit, il faudra accorder davantage d'importance à la construction de ce dernier. Ainsi, au début de 1994, le conflit yougoslave n'avait pratiquement pas été traité dans la littérature spécialisée. Entreprendre une recherche sur le sujet était certainement une marque d'originalité, mais cela signifiait surtout que l'on était prêt à y accorder beaucoup de temps pour prendre connaissance et discuter des théories susceptibles de rendre compte des événements : théorie des régimes, néo-réalisme, etc. Par ailleurs, le choix d'une approche théorique dépendra alors de notre connaissance du phénomène étudié. Parfois, des analogies avec des situations similaires peuvent nous aider à faire ces choix. S'il en allait autrement, nous serions contraints à ne traiter toujours que des mêmes sujets. Il faut seulement savoir que ce travail est habituellement très exigeant. Il reste toujours une dernière solution : changer de sujet.

5.2. La taille de la revue de la littérature

La taille de la revue de littérature dépend de l'importance du travail de recherche envisagé. En fait, il faudrait dire qu'elle dépend de ce que l'on cherche à faire. Une recherche originale suppose que l'on atteigne la frontière de « ce qui est connu » et de « ce qui ne l'est pas ». Une fois atteinte cette limite, il sera possible de la dépasser, de proposer quelque chose d'original et de suggérer à la communauté scientifique une hypothèse audacieuse qui remettra en cause les connaissances acquises et fera ainsi progresser sa discipline scientifique. Arriver à cette frontière n'est pas des plus simple. Comment sait-on que nous y sommes parvenus ?

L'ÉLABORATION D'UNE PROBLÉMATIQUE DE RECHERCHE :
SOURCES, OUTILS ET MÉTHODE

Notes

1. Jean Gagnepain. *Du vouloir dire. Traité d'épistémologie des sciences humaines*. Paris, Pergamon Press, 1982, p. 269.
2. Il est important de souligner, pour le lecteur averti, que nous reprenons ici une démarche hypothético-déductive pour rendre compte de la philosophie à l'origine de la revue de la littérature. Nous pensons que cette philosophie, dans ses grandes lignes est celle de la majorité des chercheurs en sciences sociales, que ce soit de façon implicite ou explicite.
3. La définition du mot « problème » est tirée de Paul Foulquié (avec la collaboration de Raymond St-Jean). *Dictionnaire de la langue philosophique*. Paris, Presses Universitaires de France, 1969, p. 576.
4. Cette définition de l'opinion est tirée de Paul Foulquié, *Ibid.*, p. 499.
5. Le dialogue s'engage avec les auteurs de la discipline qui ont écrit sur le sujet. Nous croyons qu'un tel dialogue (critique) est essentiel pour pouvoir élaborer une problématique originale.
6. La revue de la littérature est l'espace où se déroulent, en grande partie, les débats scientifiques. Elle est l'occasion pour un chercheur de faire état des recherches d'autres chercheurs dans un domaine précis pour en montrer l'intérêt, la pertinence, mais aussi les limites ou les faiblesses dans le but de montrer qu'il reste des choses à faire pour comprendre tel ou tel phénomène et même qu'il est nécessaire d'entreprendre une nouvelle recherche sur ce sujet.
7. Il faut bien dire que rien ne s'oppose à la reprise de questions et de problèmes de recherche soulevés par un auteur. Cependant, en utilisant une autre approche théorique que celle de l'auteur traité, il serait possible de conclure qu'il n'y a pas véritablement de problème. C'est pourquoi il est risqué de choisir de se limiter ainsi à un seul auteur, au lieu de faire un inventaire de ce qui a été fait.
8. La prudence est ici de mise. Ce n'est pas parce qu'un problème a trouvé une réponse dans un ouvrage ou un article scientifique que celle-ci est satisfaisante et qu'il n'est plus nécessaire de faire une recherche sur cette question. Une bonne revue de la littérature devrait permettre d'éviter ce genre de situation.
9. C'est la définition que nous avons donnée de la revue de la littérature. Voir Introduction, p. 4.
10. Il est toujours difficile de dire que telle ou telle recherche contribue à l'avancement des connaissances. L'histoire des sciences nous apprend que des recherches, qui sont passées inaperçues à l'époque de leur publication, sont devenues par la suite des pièces importantes dans le développement des connaissances. En cette matière, nul n'est prophète et ne saurait dire ce qui est bon ou mauvais.
11. Les membres de la communauté scientifique déterminent l'avancement des connaissances. Ils le font de différentes façons : en citant les textes qu'ils jugent importants, par les prix qu'ils accordent à des ouvrages ou à des articles scientifiques, ou par la reconnaissance qu'ils donnent à certains chercheurs. Il ne faudrait cependant

pas oublier que cette communauté est traversée par des luttes de pouvoir et qu'elle est souvent dominée par un groupe de chercheurs ou par certaines théories. Il est parfois difficile, et même quelques fois impossible, pour certains chercheurs de se faire entendre ou de faire admettre la pertinence ou la légitimité de leurs recherches. Il y a certains domaines de la connaissance, comme le postmodernisme au Québec, qui sont dominés par des auteurs, souvent peu importants, qui cherchent à contrôler, au nom de critères de scientificité nébuleux, la production scientifique et intellectuelle. Heureusement, ils n'y parviennent pas complètement.

12. En général, on entend par « explication » la tentative de mettre en relation deux ou plusieurs variables dont l'une est dite « explicative » (indépendante) et l'autre « dépendante ». La compréhension vise plutôt à « se mettre à la place de » et tente de trouver les motivations, l'intention à l'origine de tel ou tel comportement que l'on peut observer. Cette distinction est très globale, mais généralement acceptée.

13. Nous reviendrons, dans le prochain chapitre, sur la manière (la méthode) d'analyser la littérature sur un sujet donné.

14. Nous insistons beaucoup sur les débats théoriques dans la revue de la littérature car nous croyons que c'est à ce niveau qu'une discipline scientifique progresse. Néanmoins, les débats méthodologiques, épistémologiques ou même ceux sur les techniques d'enquête peuvent aussi contribuer au développement des connaissances. Il paraît évident que l'enquête par questionnaire a fait l'objet de nombreux débats avant de devenir une technique reconnue et efficace d'enquête sociale et ainsi contribuer au développement des connaissances.

15. Vincent Lemieux. *Systèmes partisans et partis politiques*. Ste-Foy, Presses de l'Université du Québec, 1985.

16. Vincent Lemieux, *Ibid.*, p. 3-15.

17. Chaque discipline des sciences humaines et sociales compte un nombre élevé de revues scientifiques. En science politique, on peut mentionner : la *Revue canadienne de science politique, la Revue française de science politique, American Journal of Political Science, American Political Science Review, British Journal of Political Science, Administration Science Quaterly, la Revue française d'administration publique, Canadian Public Administration, Political Theory, l'Annuaire de science politique, Politique et sociétés*, etc. En sociologie, il faut mentionner : *Recherches sociographiques, Cahier de recherches sociologiques, Revue française de sociologie, Société, Actes de la recherche en sciences sociales, Archives européennes de sociologie, Sociologie de l'art, Sociologie de la santé, American Sociological Review, Contemporary Sociology, Postmodern Culture, Society, Theory, Culture and Society*, etc.

18. Il existe peut être une exception à cette règle : les presses universitaires. Mais, là aussi, on ne procède pas toujours par évaluation en aveugle.

19. Il arrive qu'un essai ou même un article d'une revue non scientifique s'impose à la communauté scientifique. Dans ces conditions, il faut l'inclure dans la revue de la littérature. La situation se présente pour certains essais philosophiques ou politiques. Par exemple, un chercheur intéressé par la culture québécoise ou encore par la situation politique du Québec devrait consulter les essais de Fernand Dumont. *Genèse de la société québécoise*. Montréal, Boréal, 1993, 393 pages, ou *Raisons communes*. Montréal, Boréal, 1995, 264 pages. Ces essais ont leur place dans une revue de la littérature portant sur le Québec.

L'ÉLABORATION D'UNE PROBLÉMATIQUE DE RECHERCHE : SOURCES, OUTILS ET MÉTHODE

20. Parmi les index bibliographiques de périodiques importants en sciences sociales, il faut mentionner : *Applied Social Science Index and Abstracts ; International Political Science Abstract/Documentation politique internationale ; Bulletin analytique de documentation politique, économique et sociale contemporaine ; Canadian Periodical Index, Social Science Index ; Historical Abstracts ; Bulletin signalétique : psychologie, psychopathologie, psychiatrie ; Psychological Abstracts* ; etc.
21. Parmi les index bibliographiques informatisés, il faut mentionner : *ABC POL SCI on Disc, Francis, Sociofile, Philosophical Index, Sociological Index,* etc.
22. Évelyne Tardy (avec la collaboration de Mohamed Lagzali et Jean-Bernard Parenteau). *Guide de recherche documentaire en science politique.* Montréal, Université du Québec à Montréal, 1994. Ce document présente les différents outils bibliographiques essentiels à la démarche de recherche. Une section est consacrée à Internet.
23. Il existe tant de bibliographies et de bibliographies de bibliographies qu'il est impossible de les nommer toutes. Nous mentionnons, à titre d'illustration : *British Library of Political and Economics Science ; Bibliographie de bibliographies québécoises* ; P. K. Ballou. *Women, A Bibliography of Bibliography* ; American Psychological Association Psychobooks. *Books and Chapters in Psychology ;* American Historical Association. *Guide to Historical Litterature ; Social Theory: a Bibliographic Series ; International African Bibliography.*
24. Laurence Morel, « Le référendum. État des recherches », *Revue française de science politique,* 42, 5 (octobre 1992), pp. 852-857.
25. Voir sur cette question, l'ouvrage de Pierre Bourdieu et *al. Le métier de sociologue.* Paris, Mouton, 1968, 360 pages.
26. Parmi les encyclopédies, il faut mentionner en langue française et anglaise : *Encyclopaedia Universalis.* Paris, Encyclopaedia Universalis, *Grand dictionnaire encyclopédique Larousse.* Paris, Larousse, 1982 ; Walter Yust (Ed.) *Encyclopaedia Britannica: a New Survey of Universel Knowledge.* Chicago, Encyclopaedia Britannica, 1960. Parmi les encyclopédies spécialisées : M. Mann. *International Encyclopedia of the Social Science,* 1984 ; E. F. Borgatta and M. L. Borgatta. *Encyclopedia of Sociology. 4 Vol,* New York, MacMillan, 1992 ; F. N. Magill and H. L. Delgado. *Survey of Social Science: Sociology Series 5 Volumes.* 1994 ; A. Bailly. *Encyclopédie de géographie,* 1995 ; F. Joyaux. *Encyclopédie de l'Europe : géographie, histoire, société, politique, économie,* 1993 ; M. David. *The Blackwell Encyclopedia of Political Though,* Oxford England, Blackwell Reference, 1987 ; Vernon Bogdanor. *The Blackwell Encyclopedia of Political Science.* Oxford, England, Blackwell Reference, 1991 ; Vernon Bogdanor. *The Blackwell Encyclopedia of Political Institutions,* Oxford, England, Blackwell Reference, 1987. La liste est bien entendu incomplète.
27. On trouve dans chaque discipline scientifique des dictionnaires et des encyclopédies spécialisés. Sans tous les nommer, on peut citer à titre d'exemple : Raymond Boudon et François Bourricaud. *Dictionnaire critique de la sociologie.* Paris, Presses Universitaires de France, 1986 ; Richard Dubreuil. *Dictionnaire du pouvoir.* Paris, Éditions de l'Organisation, 1995 ; Alain Gélédan. *Dictionnaire des idées politiques.* Paris, Sirey, 1998 ; Philippe Raynaud, Stéphane Rials (dir.) *Dictionnaire de philosophie politique.* Paris, Presses Universitaires de France, 1996 ; Lawrence Ziring.

LES OUTILS DE LA REVUE DE LA LITTÉRATURE

International Relations. A Political Dictionary. Santa Barbara, Calif., ABC-Clio. c1995.
28. L'*Encyclopaedia Universalis* est disponible sur Internet (www.universalis-edu.com) ainsi que l'*Encyclopaedia Britannica* (www.britannica.com).
29. Pour un excellent dictionnaire de philosophie, il y a celui de André Lalande. *Dictionnaire critique de la langue philosophique*. Paris, Presses Universitaires de France, 1968. Celui de Sylvain Auroux (dir.) *Les notions philosophiques : dictionnaire*. Paris, Presses Universitaires de France, 1990, est aussi excellent, mais il s'adresse à une clientèle spécialisée.
30. Madeleine Grawitz et Jean Leca. *Traité de science politique Tomes I-IV*. Paris, Presses Universitaires de France, 1985. Voir aussi Fernand Dumont, Simon Langlois et Yves Martin (dir.) *Traité des problèmes sociaux*. Québec, Institut québécois de la recherche sur la culture, 1994 ; Jacques Dufresne, Fernand Dumont et Yves Martin. *Traité d'anthropologie médicale : l'institution de la santé et de la maladie*. Ste-Foy, Presses de l'Université du Québec/Institut québécois de la recherche sur la culture, Presses universitaires de Lyon, 1985.
31. Fernand Dumont, Simon Langlois et Yves Martin, *Op. cit.*
32. Monique Frappier. « La pauvreté : facteurs économiques », *Ibid.*, pp. 565-580 et Frédéric Lesemann, « La pauvreté : aspects sociaux », *Ibid.*, pp. 581-603.
33 Fernand Dumont, Simon Langlois et Yves Martin, *Op. cit.*
34. Gilles Labelle, Sylvain Vézina, Lawrence Olivier (dir.) *Introduction critique à la science politique*. Montréal, La Chenelière/McGraw-Hill, 1995.
35. Greenstein, Fred, Nelson Polsby (Ed.) *Handbook of Political Science*. Reading (Ma), Addison-Wesley, 1975. Il existe d'autres *Handbooks* aux États-Unis. Nous pouvons mentionner, à titre d'exemple : Dan D Nommo, Keith R Sanders (Ed.). *Handbook of Political Communication*. London, Sage, 1982 ; Samuel Jong. *Handboook of Political Behavior*. New York, Plenum Press, 1981 ; Nelson W. Polsby (Ed.). *International Politics. Handbook of Political Science 8*. Reading Mass, Addison-Wesley, 1975 ; Nelson W. Polsby, Fred I. Greenstein (Ed.) *Nongovernmental Politics. Handbook of Political Science 4*. Reading Mass, Addison-Wesley, 1975.
36. Il n'existe pas d'équivalent en français des *Handbooks* anglais, si ce n'est le traité. Ces ouvrages constituent de véritables mines d'or pour ceux qui désirent se familiariser avec un sujet et connaître des approches méthodologiques ou même des courants théoriques importants.
37. Nous citons ici à titre d'exemples quelques ouvrages de cette série publiés par Oxford University Press, Cambridge University Press et Blackwell. David Hey (ed.) *The Oxford Companion to Local and Family History*. New York, Oxford University Press, 1996 ; Samuel D. Guttenplan. *A Companion to the Philosophy of Mind*. Cambridge, Mass., Cambridge University Press, 1995 ; Gary Gutting (Ed.) *The Cambridge Companion to Foucault*. New York, Cambridge University Press, 1994.
38. Parmi les ouvrages généraux de nature historique, mentionnons François Chatelet et al. *Histoire des idéologies*. Paris, Hachette, 1978.
39. Pour les répertoires de thèses, on consultera les ouvrages suivants : *Dissertation Abstract ; Theses in Canadian Political Studies ; Comprehensive Dissertation Index*. La liste n'est bien entendu pas exhaustive.
40. Il cite les auteurs et les ouvrages importants et pertinents sur le sujet.
41. Cette définition de la notion « pertinent » est tirée de Paul Foulquié et Raymond St-

Jean, *Op. cit.*, p. 533.
42. Raymond Aron. *Paix et guerre entre les nations*. Paris, Calmann-Lévy, 1962, 794 pages.
43. Fernand Dumont, Jean-Paul Montminy et Jean Hamelin. *Idéologies au Canada français 3 tomes*. Ste-Foy, Presses de l'Université Laval, 1977.
44. Il ne s'agit pas ici de porter un quelconque jugement sur la recherche québécoise. Il s'agit seulement de constater que, compte tenu de l'importance de la communauté scientifique, tous les sujets ne peuvent pas être traités.

2

LA REVUE DE LA LITTÉRATURE

> *SOCRATE — [...] Personnellement, à condition que tu sois bien de la même espèce que moi, je continuerais volontiers mes questions ; mais sinon, j'abandonnerais. Mon espèce ? C'est l'espèce des gens qui se laissent volontiers réfuter, au cas où vous passez à côté de la vérité, et qui volontiers apportent la réfutation, au cas où c'est l'autre qui passe à côté de la vérité. Ils éprouvent moins de peine à être réfutés qu'à réfuter : le bénéfice y est plus grand, je pense, dans la mesure même où le bénéfice est plus grand à se voir délivrer du pire malheur qu'à en délivrer autrui.*
> Platon[1]

INTRODUCTION

La « problématisation » d'une question (au sens d'un sujet à traiter) est étroitement associée au processus d'élaboration de la revue de la littérature. En fait, on ne saurait élaborer une problématique sans avoir d'abord cerné ce qui, pour nous, pose problème dans la littérature portant sur un sujet. Plus exactement, les deux entretiennent un rapport dialogique : si la problématique surgit de la lecture des textes spécialisés sur une question, la manière de les présenter et d'interroger leur contenu dépendra en dernier ressort de la problématique que l'on adoptera. Elle n'est donc pas simplement une question (au sens d'un énoncé qui peut prendre la forme d'une interrogation). Il s'agit bien davantage d'un problème qui surgit (ou plutôt que l'on fait surgir) de la lecture des textes sur le sujet traité. Ainsi, il faut le dire, la « problématisation » relève plus d'un art que d'une technique[2] : c'est un acte de création. Cela étant dit, il ne faut pas se laisser décourager par la difficulté que ce travail peut représenter. En effet, cette partie fondamentale du processus de recherche possède tout de même certaines caractéristiques qui peuvent nous aider à baliser le chemin à parcourir ou à tracer les grandes lignes à suivre. Cependant, il faut le dire d'emblée, la « problématisation » ne s'apprend qu'en faisant des problématiques, la revue de la littérature qu'en faisant des revues de la littérature. Avant d'aborder ces caractéristiques, essayons de comprendre, à l'aide d'un exemple, ce qu'il s'agit de faire.

1. Problématiser

Dans l'introduction à l'*Histoire de la sexualité. La volonté de savoir*[3], Michel Foucault illustre parfaitement bien ce que nous entendons par « problématisation ». L'ouvrage commence ainsi :

> Longtemps nous aurions supporté, et nous subirions aujourd'hui encore, un régime victorien. L'impériale bégueule figurerait au blason de notre sexualité, retenue, muette, hypocrite. Au début du XVIIe siècle encore, une certaine franchise avait

> cours, dit-on. Les pratiques ne cherchaient guère le secret ; les mots se disaient sans réticence excessive, et les choses sans trop de déguise-ment ; on avait avec l'illicite, une familiarité tolérante. Les codes du grossier, de l'obscène, de l'indécent étaient bien lâches, si on les compare à ceux du XIXe siècle. Des gestes directs, des discours sans honte, des transgressions visibles, des anatomies montrées et facilement mêlées, des enfants délurés rôdant sans gêne ni scandale parmi les rires d'adultes : les corps faisaient la roue. À ce plein jour, un rapide crépuscule aurait fait suite, jusqu'aux nuits monotones de la bourgeoisie victorienne. La sexualité est alors soigneusement renfermée. Elle emmé-nage. La famille conjugale la confisque. Et l'absorbe tout entière dans le sérieux de la fonction de reproduire. Autour du sexe, on se tait[4].

Dans cette longue citation de Michel Foucault, on trouve les premiers éléments d'une bonne revue de la littérature. En effet, le texte débute par un constat sur les écrits traitant de la sexualité. Selon la littérature sur le sujet, la sexualité serait devenue l'objet de contraintes et d'interdits. À une période de relative liberté, rapporte Foucault, aurait succédé une autre période, la nôtre, qui se serait attachée à cacher la sexualité, à prohiber certains comportements ou manifestations liés au sexe. On aurait même exercé sur la sexualité des formes multiples et variées de répressions et d'interdits. La franchise qui avait cours au XVIIe siècle et la relative liberté dans les comportements et les gestes auraient fait place à l'interdiction d'en parler, à la multiplication des raisons de cacher et d'interdire les comportements illicites, les discours licencieux, les corps nus, etc. Un silence général s'imposerait, à partir du XIXe siècle, à propos du sexe et de la sexualité.

Ce constat résulte bien sûr d'une connaissance assez exceptionnelle de la littérature. Toutefois, le début de l'ouvrage de Foucault ne commence pas par des références à des auteurs ayant

L'ÉLABORATION D'UNE PROBLÉMATIQUE DE RECHERCHE : SOURCES, OUTILS ET MÉTHODE

affirmé que la sexualité était aujourd'hui interdite ou réprimée. La revue de la littérature qu'il nous présente remplit d'abord une fonction : remettre en cause une thèse généralement acceptée.

En effet, Foucault ne se contente pas d'établir un constat ou de délimiter la frontière de ce qui est connu, même s'il s'agit là d'une étape importante. Il se demande aussi, dans le même texte, la manière dont une telle idée — l'idée que le sexe soit réprimé — a pu être acceptée par tous au point de s'imposer à nous comme une réalité incontestable. D'ailleurs, l'emploi du conditionnel (« nous aurions supporté »), que l'on retrouve au début du passage cité précédemment, annonce clairement les intentions de l'auteur : susciter le doute concernant cette thèse. En cherchant à répondre à cette question, il commence à proprement parlé le processus de problématisation : il vise d'abord à comprendre ce qui rend possible l'idée que le sexe soit réprimé et la sexualité interdite.

Pour lui, il y a trois raisons principales qui peuvent justifier la thèse de la répression de la sexualité. Premièrement, comme l'explique Foucault, la répression du sexe correspondrait, pour certains, à une phase du développement du capitalisme et, plus précisément, au travail généralisé. À une époque d'exploitation massive des ouvriers, la sexualité serait apparue comme une entrave, un détournement de la force de travail et de l'énergie vers des plaisirs futiles. À cette première évidence — historique —, Foucault associe notamment des travaux comme ceux de Marcuse et de Reich. Deuxièmement, pour penser que le sexe a été interdit (ou la sexualité contrainte), il faut concevoir l'idée d'un pouvoir fonctionnant selon le modèle répressif. Selon Foucault, dans l'idée du sexe réprimé, on trouverait une conception assez largement répandue du pouvoir. Celui-ci ne s'exercerait (du moins, s'agirait-il là de sa caractéristique principale) que sous la forme négative de la répression ou de l'interdit. Pour nous, le pouvoir aurait une forme négative ; il serait ce qui empêche, barre, interdit, réprime ou prohibe. C'est là, croit-on, sa principale fonction. Enfin, en disant que la sexualité est étouffée, celui qui énoncerait un tel discours se présenterait comme celui qui va nous émanciper. Il y aurait alors un avantage énorme à dire que le sexe est réprimé : l'annonciateur de ce discours serait perçu comme un libérateur ; il ferait partie de ceux qui luttent pour nous affranchir de la répression, de l'interdiction. Ce discours, écrit Foucault, a une allure de transgression délibérée.

On comprend alors facilement, suite à cet exposé de Foucault, les raisons pour lesquelles tant de gens pensent et écrivent que nos sociétés exercent, par rapport au sexe et à la sexualité, un pouvoir négatif de répression, d'interdiction ou de prohibition. L'idée que la sexualité est réprimée et les trois raisons qui la fondent constituent ce que cet auteur appelle l'hypothèse répressive, c'est-à-dire le dispositif général sur lequel repose l'idée, largement répandue, que nos sociétés ont exercé, depuis le XIXe siècle, sur le sexe et la sexualité, une forme de contrainte. Les sociétés auraient alors essayé d'en limiter les débordements supposés.

Il est plus facile maintenant de saisir ce qui permet d'élaborer une bonne revue de la littérature. Nous sommes passés d'un constat habilement établi — depuis le XIXe siècle, les sociétés occidentales ont jeté sur le sexe un voile pudique — à une première forme de « problématisation » qui consiste à se poser la question suivante : « Pourquoi dit-on aujourd'hui que la sexualité est réprimée ? » En tentant de répondre à cette question issue d'une lecture attentive des écrits sur le sujet, Foucault réussit à mettre en lumière l'ensemble des éléments qui constitue l'hypothèse répressive.

Toutefois, le travail de « problématisation » ne s'arrête pas là. En effet, Foucault — et c'est ici que l'on peut apercevoir l'originalité de sa thèse — interroge ou rend problématique cette hypothèse. Comment procède-t-il ? La réponse est relativement simple : en remettant en cause chacune des raisons qui nous font croire ou accepter l'hypothèse répressive[5]. Observons la problématisation que nous propose le chercheur français.

65

L'ÉLABORATION D'UNE PROBLÉMATIQUE DE RECHERCHE : SOURCES, OUTILS ET MÉTHODE

> [...] Par rapport à ce que j'appellerais cette « hypothèse répressive », on peut élever trois doutes considérables : Premier doute : la répression du sexe est-elle bien une évidence historique ? Ce qui se révèle à un tout premier regard — et qui autorise par conséquent à poser une hypothèse de départ — est-ce bien l'accentuation ou peut-être l'instauration depuis le XVIIe siècle d'un régime de répression sur le sexe ? Question proprement historique. Deuxième doute : la mécanique du pouvoir, et en particulier celle qui est mise en jeu dans une société comme la nôtre, est-elle bien pour l'essentiel de l'ordre de la répression ? L'interdit, la censure, la dénégation sont-ils bien les formes selon lesquelles le pouvoir s'exerce d'une façon générale, peut-être, dans toute société, et à coup sûr dans la nôtre ? Question historico-théorique. Enfin troisième doute : le discours critique qui s'adresse à la répression vient-il croiser, pour lui barrer la route, un mécanisme de pouvoir qui avait fonctionné jusque-là sans contestation ou bien ne fait-il pas partie du même réseau que ce qu'il dénonce (et sans doute travesti) en l'appelant « répression » ? Y a-t-il bien une rupture historique entre l'âge de la répression et l'analyse critique de la répression ? Question historico-politique[6].

On voit bien comment Foucault a rendu « problématique » ce qui constituait, à nos yeux, une évidence : la répression de la sexualité. Il a semé le doute et rendu moins évidentes les raisons qui nous faisaient croire à la répression de la sexualité, sur chacun des éléments de l'hypothèse répressive. Il n'a pas rejeté ces raisons, ni même proposé une autre explication. À cette étape-là, la fonction de la revue de la littérature n'est pas de proposer une autre hypothèse. Il a seulement rendu problématique les éléments sur lesquels l'hypothèse de la répression de la sexualité était fondée et, ce faisant, a semé le doute sur la valeur de cette dernière. On voit bien aussi comment, en problématisant l'hypothèse répressive, l'analyse foucaultienne nous conduit à une frontière.

La lecture du texte de Foucault amène le lecteur à de multiples interrogations à propos de l'histoire de la sexualité. Le lecteur doute et s'interroge sur ce qu'il faut maintenant penser de l'histoire de la sexualité. Y a-t-il eu une répression de la sexualité ? Sinon, comment réécrire l'histoire de la sexualité ? Les sociétés occidentales ont-elles exercé un pouvoir d'interdiction ou de contrainte sur la sexualité ? Comment peut-on s'émanciper du pouvoir qui réprime ou contraint si le discours de la libération fait partie de l'hypothèse répressive ? C'est à ces questions qu'il s'agit maintenant d'essayer de répondre. En effet, en suivant la réflexion du chercheur français, on se demande le genre de réponse qu'il va pouvoir apporter aux interrogations soulevées. Comment ne pas exiger de Foucault qu'il nous offre une autre explication ? À la lecture de cette problématique, on a envie de lui poser la question suivante : si l'on peut douter de l'hypothèse répressive, quelle est l'explication qui permettra de donner une réponse aux doutes qu'il a soulevés ?

La revue de la littérature nous conduit à cette frontière. Elle permet la remise en doute ce qui a été écrit et exige la formulation d'une nouvelle hypothèse ou d'une autre explication. Bien entendu, cette explication devrait répondre aux doutes qui ont été formulés dans le cadre de la revue de la littérature en proposant, à la fin de notre parcours, une explication que l'on jugera satisfaisante. Nous reviendrons plus loin sur cet aspect important de la démarche de recherche. Certes, il n'est pas facile d'arriver à une telle maîtrise du travail de « problématisation ». Comme nous l'avons dit, le travail de Foucault est exceptionnel. D'ordinaire, on n'en exige pas tant. Pour notre part, pour nous aider à problématiser un sujet, nous suggérons une démarche en trois étapes : 1. la présentation des résultats ; 2. la problématisation de la littérature ; 3. la formulation de l'hypothèse ou de la proposition de recherche.

2. La présentation des résultats

Puisqu'il s'agit de la revue de la littérature, il faut surtout comprendre que la présentation consiste à analyser la littérature qui est considérée pertinente sur notre sujet. Disons, en premier lieu, un mot sur le corpus qui permettra de constituer la revue de la littérature, c'est-à-dire les ouvrages et les articles scientifiques qui portent spécifiquement sur notre sujet. Il s'agit d'abord de repérer les ouvrages et les articles scientifiques traitant de notre sujet de recherche. Bien entendu, la littérature est tellement abondante de nos jours qu'il est rarement possible pour un chercheur de tout lire dans le cadre de son travail de recherche. Il ne lui est d'ailleurs pas nécessaire de tout lire. En tenant compte des exigences propres à chaque recherche, selon qu'il s'agisse par exemple d'un mémoire de maîtrise ou d'une thèse, il lui suffit de faire état des textes les plus importants, ceux qui ont le plus contribué au progrès de la connaissance sur son sujet de recherche. Il repèrera rapidement ces textes puisqu'ils sont fréquemment cités dans la littérature.

Il n'y a pas de revue de la littérature sans la constitution d'un tel corpus. D'une certaine façon, le corpus des textes importants doit être exhaustif, au sens où aucun ouvrage ou article scientifique important et pertinent ne devrait manquer. Le chercheur doit les connaître, évaluer l'apport de chacun à la connaissance du sujet, et être capable de les présenter correctement et de les situer les uns par rapport aux autres. Nous avons vu plus haut les principaux outils bibliographiques qui nous aideront à constituer ce corpus.

Une fois ce corpus bien établi, le premier travail du chercheur est de lire ces ouvrages et ces articles scientifiques. Faut-il insister sur l'importance de cette lecture ? À l'évidence non. Par contre, il importe de rappeler un principe de lecture que nous jugeons primordial : l'empathie. Même s'il est impossible d'aborder un texte sans préjugé, un effort doit être fait pour que nos préjugés ne deviennent pas un obstacle à la compréhension. Pour paraphraser

Quentin Skinner[7], on ne rapporte convenablement les dires d'un autre que si ce dernier peut reconnaître que notre transcription en est une description fidèle. Pour lire un texte et surtout le comprendre, le lecteur doit d'abord essayer de saisir le point de vue de l'auteur. L'empathie, qui est la connaissance d'autrui par la communion sympathique, doit permettre une lecture attentive et compréhensive de la littérature sur notre sujet. Qui plus est, il ne peut y avoir de critique valable et intéressante d'un texte sans avoir au préalable bien compris le sens de celui-ci. C'est en ce sens qu'être empathique est fondamental et incontournable : il s'agit de mieux connaître pour mieux remettre en question. Ce n'est pas simplement un souci de véracité qui nous guide, mais aussi la recherche de nouvelles façons de questionner un sujet. Maîtriser un texte signifie non seulement que l'on est capable de comprendre les principaux concepts que l'auteur utilise — c'est-à-dire, capable d'en donner une définition claire et concise en utilisant notre propre langage — mais aussi et surtout que l'on est en mesure d'expliquer pourquoi un auteur a utilisé ce concept-ci plutôt qu'un autre. La présentation des résultats ne saurait être complète si l'on n'annonce pas, dans notre revue de la littérature, ce qu'il est important de retenir de ces ouvrages et de ces articles scientifiques.

2.1. Le compte-rendu de lecture

Nous n'insisterons pas longuement sur la façon de faire un compte-rendu de lecture, si ce n'est pour dire qu'il faut retenir d'un ouvrage ou d'un article scientifique au moins trois choses importantes[8] : la thèse soutenue par l'auteur, les principaux arguments sur lesquels l'auteur s'appuie pour soutenir sa thèse et les critiques que l'on peut formuler contre sa thèse ou ses arguments. Expliquons brièvement chacun de ces points.

L'ÉLABORATION D'UNE PROBLÉMATIQUE DE RECHERCHE :
SOURCES, OUTILS ET MÉTHODE

A. La thèse

Lorsque l'on parle d'ouvrages ou d'articles scientifiques, on suppose, en général, que l'auteur présente une thèse, c'est-à-dire une hypothèse ou une proposition de recherche qu'il soumet à l'examen de la communauté scientifique[9]. Par exemple, l'ensemble des publications de Ronald Inglehart[10] tente de renouer avec la thèse culturaliste en soulignant que, en Occident, la transformation des valeurs (transformation des objectifs politiques et économiques, des normes religieuses, des valeurs familiales, etc.) intervenue au cours des dernières décennies — le « postmatérialisme » — influence les taux de croissance économique, les stratégies politiques et les perspectives d'avenir des institutions démocratiques. La thèse est l'idée centrale d'un texte ou d'une œuvre, celle qui sera discutée et débattue par la communauté scientifique. Bien que l'on s'attende d'ordinaire à ce qu'une revue de la littérature présente et critique la perspective théorique ainsi que les concepts auxquels se réfère une telle proposition, une seule phrase suffit parfois à résumer un texte, une thèse, voire un courant théorique ou l'œuvre d'un auteur. Par exemple, dans certaines circonstances, la citation suivante est susceptible de donner une description satisfaisante de la thèse défendue par Karl Marx et Friedrich Engels : « L'histoire de toute société jusqu'à nos jours n'a été que l'histoire de la lutte des classes[11]. » C'est une question de jugement. Plus exactement, l'importance que nous devons accorder à l'explication des concepts que contient une telle phrase dépendra de la place qu'occupe la thèse qu'elle résume dans le corpus que nous analysons, de la manière de problématiser le sujet que nous étudions, de la perspective théorique que nous adoptons, ou encore des connaissances présumées des lecteurs potentiels de la revue de la littérature que nous élaborons (pairs, collègues, maîtres, correcteurs, etc.) Ainsi, on pourrait juger nécessaire, dans le cas de la citation précédente, de discuter de la signification et de la portée de la conception que Marx et Engels avaient de l'histoire, de la société ou des classes sociales.

Mais comment identifier la thèse ? Nous croyons qu'en répondant à la question suivante le chercheur devrait être en mesure de repérer la thèse d'un auteur : qu'est-ce que l'auteur cherche à nous dire, ou encore quelle est la proposition principale autour de laquelle l'ensemble du texte est structuré ? Quelle idée nouvelle soumet-il à notre examen ? Il faut bien comprendre que l'idée principale est généralement la thèse que l'auteur entend soutenir dans un ouvrage ou dans un article, et qu'il souhaite soumettre à la communauté scientifique. C'est ce qu'il entend proposer comme nouvelle explication et que résume en général assez bien son hypothèse ou sa proposition de recherche. Le titre d'un ouvrage ou d'un article est un indice important de la thèse. Par conséquent, on devrait être en mesure de bien comprendre le titre d'un ouvrage si l'on prétend avoir bien saisi la thèse de l'auteur.

B. L'argumentation

Une thèse est toujours soutenue par un raisonnement qui repose en général sur trois types de jugements : des jugements de fait, d'évaluation ou de prescription[12]. Le lecteur doit bien comprendre la logique de l'argumentation de l'auteur et doit surtout saisir rapidement la façon dont s'organise son argumentation. À ce moment-ci, le lecteur n'a à évaluer ni la valeur du raisonnement ni celle des arguments. Il doit plutôt être en mesure de repérer les principaux arguments ; la structure argumentative d'un texte peut être très complexe et il n'est pas nécessaire de la connaître dans ses moindres détails. Reprenons l'argumentation de Foucault pour bien comprendre notre idée. Il a retenu les trois principaux éléments qui fondaient notre croyance en l'hypothèse répressive. Il en existe certainement d'autres, mais ceux retenus sont essentiels à la compréhension de l'hypothèse répressive. Il importe de bien faire le lien, à la manière de Foucault, entre les arguments et la thèse soutenue. Quels sont les arguments essentiels au maintien de la thèse ? En somme, identifier les types d'arguments employés (jugements de fait, d'évaluation et de prescription) par un auteur, ainsi que les enchaînements logiques établis entre ces derniers, ouvre la voie à une critique de la thèse qu'il soutient.

C. La confrontation des textes

La dernière partie du compte-rendu de lecture s'attache à faire un bilan critique du texte. Le lecteur doit être en mesure d'évaluer la thèse en fonction du raisonnement ; il doit pouvoir confronter l'hypothèse aux arguments qui la fondent[13]. Premièrement, il peut être utile de se demander si les arguments évoqués ont le poids nécessaire pour soutenir la thèse. Par exemple, dans le cas de la perspective défendue par Inglehart, on pourrait se demander si les données à partir desquelles il tente de démontrer qu'il y a eu, en Occident, depuis la Deuxième Guerre mondiale, un glissement des valeurs matérialistes vers des valeurs postmatérialistes sont suffisantes[14]. Deuxièmement, on peut aussi se demander si les arguments que l'auteur utilise pour soutenir sa thèse sont pertinents par rapport à ce qu'il cherche à défendre. Ainsi, on pourrait interroger la formulation des questions et les modalités de questionnement qui sont employées par Inglehart pour observer et mesurer les changements de valeurs (questions fermées administrées à l'aide d'un questionnaire plutôt que des questions ouvertes énoncées dans le cadre d'entretiens semi-directifs). Finalement, on peut chercher les principales critiques qui sont formulées contre cette thèse dans la littérature et se demander si l'auteur a répondu à ces dernières. Le chercheur devrait alors retracer les débats et les polémiques qui ont cours sur notre sujet. Ce dernier aspect est très important, car on imagine mal une revue de la littérature qui ne ferait pas état de ces débats. En effet, il est bien important de garder à l'esprit que l'objectif est de parvenir à formuler une critique de la littérature existante. C'est ce qui nous servira à problématiser. Encore une fois, répétons-le, il ne s'agit pas de faire un simple constat de ce qui est connu ou de ce que l'on pense connaître. L'exigence est plus grande : il s'agit de tracer la frontière avec ce qui reste à connaître sur la question traitée.

2.2. L'ordre thématique

La lecture des ouvrages et des articles scientifiques n'a pas uniquement une dimension critique. Elle est essentielle dans l'organisation et la présentation pratique de la revue de la littérature. C'est d'abord à cette tâche que doit s'attacher le chercheur. La lecture et la connaissance des textes doivent lui permettre de structurer sa revue de la littérature et d'en faire une synthèse. Suite à ce que nous avons dit à propos de la revue de la littérature, il est évident que celle-ci ne peut pas se résumer à une présentation chronologique des ouvrages et des articles scientifiques. La présentation chronologique consiste à exposer les ouvrages ou les articles dans l'ordre croissant ou décroissant de leur parution. Par exemple, on pourrait d'abord parler des ouvrages les plus anciens, ou des thèses les plus reculées, avant de remonter la filière jusqu'aux ouvrages, ou aux thèses, les plus récents. Cette manière de procéder n'est pas inintéressante, mais elle comporte plusieurs limites. Parmi celles-ci, il faut souligner l'absence d'un véritable travail de synthèse de lecture et de sélection des ouvrages pertinents et importants. Qui plus est, c'est oublier que l'idée de reconstituer l'histoire d'une question ou d'un phénomène est en elle-même problématique.

Dans la présentation que nous avons faite du texte de Foucault, celui-ci n'a pas fait l'inventaire de ce qui a été publié sur le sujet. Il a problématisé ce qui apparaissait comme une évidence. Il n'est pas toujours facile de procéder ainsi. Il vaut mieux travailler d'une autre manière. Pour arriver à problématiser, il est nécessaire d'organiser nos textes d'une certaine façon.

D'abord, la lecture du corpus de la revue de la littérature devrait nous permettre de regrouper les auteurs et les textes en fonction de leurs approches, de leurs modèles théoriques ou des thèses qu'ils ont soutenues. Il faut parler ici d'un véritable travail de synthèse. En effet, il ne suffit pas seulement de lire les textes ou de présenter chacune des thèses. Il faut être en mesure de regrouper les auteurs, les thèses, les arguments et les méthodologies. Dans une bonne revue de la littérature, l'auteur ne se contente pas de présenter les ouvrages ou les thèses, il les regroupe selon les différents courants théoriques en vigueur dans sa discipline scientifique et il réunit ceux qui ont des thèses similaires sur un même sujet. De cette façon, la revue de la littérature fait la synthèse de ce qui a été écrit. Il est alors facile pour le chercheur d'avoir une idée assez complète de ce qui a été dit et de connaître les théories importantes pour son sujet. La présentation de la littérature se fait donc selon un ordre thématique.

Il est bien possible que, sur un sujet donné, notre corpus comprenne une vingtaine d'ouvrages et d'articles. Néanmoins, une fois le travail de synthèse accompli, l'ensemble des textes pourra se réduire à trois ou quatre grandes thèses ou types d'explication. Cependant, ne l'oublions pas, la revue de la littérature devra aussi rendre compte de l'évolution et de l'approfondissement théorique de la question ou du sujet traité, puisqu'elle a pour objectifs premiers ceux de faire état des textes importants et, surtout, de rendre compte de ce qui a été dit sur cette question.

Pour ce faire, la revue de la littérature devrait permettre de répondre aux questions suivantes : quelle est actuellement la meilleure formulation de la question[15] ? Quelle est, dans la littérature, la réponse qui semble faire consensus ou, du moins, celle qui est la plus généralisée ? Quelles sont les théories qui ont été utilisées pour traiter de cette question ? Il peut arriver qu'il n'existe pas de réponses à ces questions dans l'état actuel des connaissances d'une discipline donnée. Par exemple, il est difficile, en sciences sociales ou humaines (contrairement aux sciences physiques ou biologiques), de trouver la théorie qui fait consensus sur une question de recherche. Les débats et les polémiques dans les disciplines des sciences sociales sont encore vifs et il arrive souvent qu'aucune des thèses en présence ne fasse consensus. Il n'y a pas à se décourager face à une telle situation, l'important étant d'avoir présenté d'une manière synthétique les différentes thèses qui s'affrontent sur un sujet donné.

Les questions auxquelles doit répondre une revue de la littérature sont autant de manières de déterminer les objectifs de la recherche en cours, même s'il faut garder à l'esprit qu'il peut être impossible de les réaliser. Elles expriment et actualisent l'idée de la frontière à atteindre, c'est-à-dire de la recherche des limites de la (des) connaissance(s) produite(s) par la littérature scientifique.

3. La problématisation de la littérature

Il s'agit ici de la partie la plus difficile de la revue de la littérature. Une fois le travail de présentation des résultats accompli, il faut maintenant problématiser ce qui a été dit, c'est-à-dire qu'il faut rendre problématique la littérature existante. On ne peut pas, ici non plus, suggérer de mode d'emploi universel et infaillible. Sachons toutefois qu'il ne s'agit pas de décrire chaque texte en particulier. Dans plusieurs cas, ce travail serait trop long et sans véritable intérêt. Il faut plutôt, nous le verrons dans un instant, faire état des courants théoriques et des perspectives méthodologiques qui traversent cette littérature. Il existe plusieurs manières de faire et celles-ci dépendent quelques fois de la littérature sur le sujet.

Avant de parler des manières de procéder, il faut rappeler une chose importante à propos de la problématisation de la littérature. Nous avons dit, au chapitre précédent, que la revue de la littérature était un espace de dialogue. Le moment est venu de préciser cette

L'ÉLABORATION D'UNE PROBLÉMATIQUE DE RECHERCHE :
SOURCES, OUTILS ET MÉTHODE

idée. La problématisation de la littérature n'est possible qu'en confrontant les auteurs. Le dialogue ne s'accomplit pas uniquement dans une confrontation entre nous et les auteurs ; il est à l'œuvre dans la littérature elle-même. Autrement dit, les auteurs débattent entre eux. C'est ce qu'il faut dégager dans la revue de la littérature. La confrontation consiste à placer les auteurs dans une situation — pas toujours fictive, d'ailleurs — de débat en se demandant, par exemple, les enjeux ou les questions qui les opposent. Les auteurs croient-ils que le problème est d'ordre théorique, méthodologique ou factuel ? Lorsqu'un ou plusieurs auteurs situent leur apport sur le plan conceptuel, il s'agit alors d'un problème théorique. Les auteurs veulent utiliser un autre cadre théorique ou développer une perspective différente de celle utilisée dans la littérature. Le problème est d'ordre méthodologique lorsque les auteurs considèrent qu'il y a des lacunes importantes au niveau des techniques d'enquête utilisées dans la littérature existante. Par exemple, ils croient que les questionnaires ont été mal construits, que les questions ont été mal posées ou que l'on n'a pas utilisé les bonnes techniques d'enquête. Ils proposent au minimum de refaire une enquête avec de nouveaux outils. Certains affirment qu'il manque des données ou que celles recueillies sont insuffisantes pour traiter adéquatement du sujet. Ils suggèrent, en général, une autre approche méthodologique. Ainsi, lorsque Pierre Bourdieu[16] a proposé d'accorder davantage de place à l'analyse des non-réponses dans les sondages d'opinion, en démontrant que les opinions produites dans un tel cadre étaient dépendantes de la position sociale des individus (par exemple, les personnes moins instruites expriment moins souvent une opinion sur des questions politiques), il a remis clairement en cause les pratiques les plus courantes à cet égard, ce qui n'était par ailleurs pas sans conséquences sur la manière de concevoir et d'analyser les facteurs explicatifs des opinions. La confrontation constitue un excellent moyen de repérer les auteurs importants sur un sujet de recherche donné. Lorsque l'on fait une recherche en réponse à une autre enquête, c'est que l'on croit cette recherche pertinente. Ainsi, les recherches fréquemment citées sont habituellement incontournables. Il faut en parler et problématiser les thèses qu'elles soutiennent. Parmi les façons de procéder, l'auteur pourra, à partir des synthèses qu'il aura faites des différentes thèses, essayer d'opposer les auteurs, ou plutôt les théories, qui ont traité du sujet. L'ordre de présentation n'a pas une grande importance ici. Certains préféreront commencer par les textes les plus anciens, mais ce n'est pas une obligation. Au fur et à mesure qu'il présentera les différentes thèses ou théories, l'auteur tentera de les opposer les unes aux autres. Il procédera comme s'il s'agissait d'un débat sur une question en soulignant, à chaque fois, en quoi chaque thèse est une réponse originale aux objections soulevées à propos des explications concurrentes.

De cette façon, il problématisera la littérature, c'est-à-dire qu'il montrera en quoi elle pose problème ou en quoi elle est incomplète et omet tel ou tel aspect important. Par exemple, on pourrait souligner le fait que les recherches sur la pauvreté dans la banlieue de Lyon ne se sont attardées que sur la dimension économique du phénomène, alors qu'il s'agit aussi d'un problème politique. Au chercheur de justifier cette importance, car il ne peut pas seulement l'affirmer. On peut juger nécessaire qu'une autre recherche soit faite parce qu'on a remarqué d'importantes lacunes méthodologiques ou théoriques dans la littérature existante. Les enquêtes sur la pauvreté à Lyon, par exemple, n'ont utilisé que des questionnaires. Il pourrait être pertinent de faire passer des entretiens pour mesurer le sentiment de pauvreté et la façon dont les gens subissent ou non la misère économique. Ici aussi, c'est au chercheur d'identifier ces lacunes. Cette étape est essentielle car on ne peut décider de l'intérêt d'une recherche avant d'avoir montré que ce qui existe pose problème et qu'il est nécessaire de faire une nouvelle recherche. Le chercheur devrait être en mesure de dire en quoi sa recherche apporte quelque chose de nouveau. Autrement dit, il devrait pouvoir justifier la nécessité de sa recherche.

L'ÉLABORATION D'UNE PROBLÉMATIQUE DE RECHERCHE :
SOURCES, OUTILS ET MÉTHODE

En général, la partie critique se termine par une synthèse où le chercheur formule ses objections sous la forme d'interrogations. Ce travail de synthèse est important à double titre. D'une part, ces questions vont constituer autant d'interrogations auxquelles son hypothèse ou sa proposition de recherche va chercher à répondre. D'autre part, cette étape correspond à la construction de l'objet de la recherche. C'est ici que le travail d'élaboration de la revue de la littérature trouve un premier point d'aboutissement. En formulant ces questions, le chercheur est amené à préciser son objet de recherche : ce qu'il va effectivement traiter dans sa recherche. En traçant la frontière de ce qui est connu sous forme de problématique, en montrant les limites de ce qui a été fait, le chercheur précise, par le fait même, son objet de recherche.

Par exemple, une fois ce travail de problématisation effectué, le chercheur ne parlera plus de la pauvreté dans la banlieue de Lyon mais, plutôt, de la dimension politique de la pauvreté dans la banlieue de Lyon, dimension qu'il aura balisée et précisée à l'aide des interrogations soulevées à propos de la littérature existante. Son sujet est donc maintenant la dimension politique de la pauvreté dans la banlieue lyonnaise. Le travail n'est toutefois pas encore terminé ; il reste une dernière étape, très importante : la formulation de l'hypothèse ou de la proposition de recherche.

4. La formulation de l'hypothèse ou de la proposition de recherche

À cette étape-ci, le chercheur formule à proprement parler la thèse qu'il entend défendre. L'hypothèse (ou la proposition de recherche) constitue, sous la forme d'un énoncé, la réponse que le chercheur apporte aux objections qu'il a lui-même formulées face aux études qui l'ont précédé. C'est une partie très importante de la démarche de recherche, et peut-être même la plus importante, car le chercheur propose alors la thèse qu'il entend soumettre à la communauté scientifique. Il s'engage et prend partie dans le débat scientifique. Avant d'aborder l'hypothèse ou la proposition de recherche, nous devons faire quelques remarques préliminaires. En effet, l'hypothèse n'apparaît pas simplement. Elle s'inscrit dans un cadre théorique ; elle appartient à un espace théorique qu'il convient de préciser.

4.1. Cadre théorique

Une première remarque s'impose avant d'aborder l'hypothèse ou la proposition de recherche. La réponse que le chercheur entend formuler — hypothèse ou proposition de recherche — est elle-même tributaire d'un regard sur le monde. Un regard d'abord structuré et organisé par des valeurs : une vision du monde. Pour formuler une hypothèse ou une proposition de recherche, ce regard est déterminé par une perspective théorique[17]. En science, et les sciences sociales ne font pas exception, c'est à l'aide de concepts que l'on regarde le monde pour l'expliquer ou le comprendre. Le chercheur fera donc appel à un cadre ou à une approche théorique. Celle-ci est fondamentale, car c'est elle qui permet de jeter un autre regard sur notre objet. Selon que l'on soit féministe, constructiviste, structuraliste, fonctionnaliste, réaliste ou partisan de l'individualisme méthodologique par exemple, l'objet traité ne sera pas le même: il ne sera pas défini ni même délimité par les mêmes balises. Selon la perspective théorique adoptée, on n'analysera pas de la même façon la pauvreté dans la banlieue lyonnaise. Un marxiste parlera en termes de classes sociales ; un constructiviste cherchera plutôt à comprendre comment une société construit ses pauvres, une féministe pourra insister sur la manière dont les femmes sont — davantage — frappées par la pauvreté[18]. On le voit, le cadre ou l'approche théorique, selon l'appellation commune, structure l'objet de recherche ; il offre une perspective singulière, un angle d'attaque particulier, à une réalité sociale donnée. L'objet étudié change selon la perspective théorique adoptée. Dans un cas, on parle de classes sociales, dans un autre de la construction de l'identité du pauvre. La démarche d'enquête ne sera pas la même et il est très probable que les conclusions des deux enquêtes s'opposent. Il n'y a pas à être surpris de cela puisque c'est de cette façon que se développent les débats et les controverses dans la communauté scientifique, et que ces derniers font progresser, selon l'avis de la plupart des chercheurs, la connaissance scientifique. Le cadre théorique n'a pas uniquement une fonction épistémologique. Il joue un rôle important dans la formulation de l'hypothèse ou de la proposition de recherche.

4.2. Hypothèse ou proposition de recherche

Le cadre théorique aide le chercheur à formuler son hypothèse ou sa proposition de recherche. C'est la perspective théorique adoptée qui fournit au chercheur les concepts qui vont l'aider à formuler son hypothèse. Dans une bonne hypothèse, on devrait retrouver les principaux concepts du cadre théorique. Une hypothèse met en relation des variables (au moins deux), l'une que l'on dit « indépendante » et l'autre que l'on nomme généralement « dépendante ». Par exemple, un chercheur pourrait formuler, sur la pauvreté dans la banlieue lyonnaise, l'hypothèse suivante : la pauvreté s'explique par un niveau de scolarité faible chez les individus qui en sont frappés. L'énoncé prend la forme suivante : la pauvreté (variable dépendante) s'explique par le faible niveau de scolarité des individus (variable indépendante) qui composent ce groupe social de la société. Pour un autre, l'hypothèse qu'il formulera prendra en compte d'autres variables indépendantes comme le sexe ou la religion. Le nombre de variables indépendantes que l'on peut utiliser pour expliquer la variable dépendante peut être très élevé. L'intérêt d'une recherche peut consister à proposer de nouvelles variables explicatives (indépendantes), comme l'appartenance religieuse dans notre exemple sur la pauvreté. L'hypothèse doit aussi avoir une valeur explicative, c'est-à-dire qu'elle doit offrir une explication du phénomène étudié. Ici, la pauvreté s'explique par le faible niveau de scolarité. Enfin, une bonne hypothèse doit être vérifiable, donner lieu à une recherche concrète[19]. Pour notre exemple, il est effectivement possible de vérifier le niveau de scolarité d'une population donnée et de déterminer son niveau de pauvreté ou de richesse à l'aide de données statistiques recueillies lors d'une enquête par questionnaire.

La proposition de recherche relève d'une autre logique. L'énoncé vise cette fois à donner une signification nouvelle à un phénomène donné. Un constructiviste, par exemple, formulera une proposition de recherche concernant la pauvreté qui pourrait ressembler à ceci : dans nos sociétés, la construction de la pauvreté répond à une fonction sociale importante dans la mesure où elle sert de légitimation aux valeurs dominantes de la bourgeoisie, c'est-à-dire à l'idée que l'accomplissement de soi passe par le travail. On le voit bien, on n'est plus dans la même logique que lors de l'hypothèse, même si certaines caractéristiques persistent : mise en relation de concepts (légitimation, construction de l'identité, valeurs) tirés d'une approche théorique, d'une valeur explicative, etc. La proposition de recherche a aussi une fonction explicative ou, devrions-nous plutôt dire, une fonction de compréhension. Elle vise à faire comprendre plutôt qu'à expliquer un phénomène. Par exemple, en reprenant la proposition d'un constructiviste, on ne cherche pas à mesurer la relation entre deux variables ; on offre une autre compréhension de la pauvreté en affirmant qu'elle sert de légitimation aux valeurs dominantes de la bourgeoisie. Les concepts clés sont ici la pauvreté, la légitimité et la bourgeoisie. Il n'y a pas de bonne proposition de recherche qui n'offre une nouvelle signification ou une autre compréhension d'un phénomène donné. L'originalité de l'énoncé en constitue le critère principal. Cette originalité de la proposition de recherche se mesure par rapport à la littérature existante. Un chercheur sera capable de dire en quoi sa proposition de recherche est originale s'il a bien fait sa revue de la littérature.

Nous l'avons dit, la proposition de recherche obéit à une autre logique que celle à laquelle est soumise l'hypothèse. Elle obéit à une logique de la preuve. Autrement dit, la proposition de recherche ne sera pas soumise de la même manière à une vérification empirique ; il s'agira plutôt de l'argumenter. Bien entendu, l'argumentation n'exclut pas de faire appel à des faits, à des recherches empiriques, mais ces derniers seront utilisés comme argument d'une proposition à débattre. Une recherche fondée sur une proposition de recherche sera évaluée en fonction de la valeur de ses arguments, c'est-à-dire de la rigueur et de la cohérence des arguments qui la fondent.

Il est bon de remarquer que les enquêtes en sciences sociales reposent plus souvent sur des propositions de recherche que sur des hypothèses. Ce n'est pas par faiblesse épistémologique ou par un manque de rigueur scientifique. C'est plutôt qu'il n'est pas toujours possible de mener des enquêtes sur le terrain soit parce que l'objet que l'on a construit ne s'y prête pas, soit parce que les coûts inhérents à une telle entreprise sont prohibitifs (surtout pour les étudiants). Pour plusieurs chercheurs, la spécificité de ce qu'ils étudient — société, individus, groupes, intentions, valeurs, etc. — nécessite une autre approche des phénomènes. Pour qui s'intéresse à la situation vécue des gens victimes de pauvreté, de gêne, d'ostracisme ou d'exclusion sociale, il est tout a fait légitime d'utiliser une autre démarche de recherche. Il y a de nombreux débats en sciences sociales sur cette question. Il n'est pas dans notre intention de les traiter ici.

Une fois la formulation de l'hypothèse ou de la proposition de recherche effectuée, le chercheur a maintenant son objet bien défini. Il ne lui reste plus qu'à préciser le corpus sur lequel va porter son enquête[20]. Par corpus, on entend soit les documents qu'il devra analyser, soit les informations obtenues sur la population auprès de qui il devra enquêter pour recueillir les données nécessaires à la vérification de son hypothèse. Le corpus devra être précisé : un chercheur devrait être en mesure d'énoncer les documents qui sont pertinents pour son enquête ou sa recherche. Enfin, il devra faire référence à tous les documents pertinents. Dans le cas contraire, le chercheur devra être capable de justifier les raisons pour lesquelles il en a exclu certains. La même logique s'applique à un corpus de population : on doit être en mesure de démontrer la pertinence de la population choisie et soumise à l'étude.

Cette dernière étape complétée, le chercheur possède tous les outils méthodologiques, à l'exception du choix de la technique d'enquête, pour mener à bien sa recherche. Sans minimiser l'importance du choix de la technique d'enquête, il faut dire que ce choix découle logiquement de la construction de notre objet, de la revue de la littérature et de sa problématisation.

L'ÉLABORATION D'UNE PROBLÉMATIQUE DE RECHERCHE : SOURCES, OUTILS ET MÉTHODE

Notes

1. Platon. *Gorgias*. Paris, Librairie Générale Française, 1996, p. 31-32.
2. Un art dont la fréquente pratique rend de plus en plus habile. Autrement dit, l'habileté à faire des revues de la littérature se développe avec la pratique. Plus on en fait, meilleur on devient.
3. Michel Foucault. *Histoire de la sexualité Tome 1 La volonté de savoir*. Paris, Gallimard, 1976, p. 9.
4. *Idem*. Les lignes qui suivent résument le texte de Michel Foucault.
5. *Ibid.*, pp. 18-19.
6. *Ibid.*, p. 18.
7. Quentin Skinner, « Meaning and Understanding in the History of Ideas » *History and Theory*, vol. 8, p. 28. Il s'agit d'une traduction libre. Le texte en anglais dit ceci : « [...] No agent can eventually be said to have meant or done something which he could never be brought to accept as a correct description of what he had meant or done. »
8. Voir, sur le compte-rendu de lecture, l'excellente présentation qu'en fait Jocelyn Létourneau. « Comment faire la recension d'une lecture », dans Jocelyn Létourneau. *Le coffre à outils du chercheur débutant. Guide d'initiation au travail intellectuel*. Toronto, Oxford University Press, 1989, pp. 2-15.
9. C'est ce qu'on dit en général de la littérature scientifique, suivant la vulgate méthodologique et épistémologique que les chercheurs ont inventée pour légitimer leur pratique scientifique. Dans les faits, et particulièrement en sciences sociales, les textes dits scientifiques sont plutôt des essais. Il n'est pas toujours facile de saisir les thèses défendues ou la proposition de recherche soumises à la communauté scientifique des sciences sociales.
10. On peut lire notamment Ronald Inglehart. *Modernization and Postmodernization. Cultural, Economics and Political Change in 43 Societies*. Princeton, Princeton University Press, 1997, 464 pages.
11. Karl Marx et Friedrich Engels. *Manifeste du Parti communiste*. Moscou, Éditions du Progrès, 1978, p. 33.
12. Sur la logique de l'argumentation, on pourra consulter l'excellent ouvrage de Pierre Blackburn. *Logique de l'argumentation*. Montréal, Editions du renouveau pédagogique, 1989, 494 pages. L'ouvrage a un souci pédagogique très rare.
13. *Idem*.
14. Ronald Inglehart tente de mesurer la transformation des valeurs à partir de données recueillies dans le cadre d'enquêtes réalisées par questionnaires administrés dans plusieurs pays. Les questions ont été posées dans le cadre des *Eurobaromètres* ou *World Value Survey* au cours des 25 dernières années ; cela permet à l'auteur d'étudier les changements de valeurs dans une perspective longitudinale. À cet égard, il soutient que les changements mesurés relèveraient d'un phénomène générationnel. Ainsi, dans les groupes les plus jeunes, la croissance économique et la paix qui règnent depuis la fin de la Seconde Guerre mondiale auraient favorisé l'émergence de valeurs associées

LA REVUE DE LA LITTÉRATURE

à un désir d'améliorer la qualité de vie. Leurs valeurs s'opposeraient à celles qui dominent parmi la génération plus âgée. Ces dernières auraient, en effet, des valeurs davantage tournées vers un besoin de sécurités physique et économique des individus. Pour Inglehart, ce n'est pas un phénomène dépendant des cycles de vie.

15. Il n'est pas facile de répondre à cette question en l'absence de critères objectifs. En fait, ces critères objectifs n'existent pas. Il faut plutôt comprendre la question de la manière suivante : quelle est la formulation de la question qui est généralement acceptée ou qui est la plus répandue dans la communauté scientifique ?
16. À ce sujet voir Pierre Bourdieu. « L'opinion publique n'existe pas », dans *Questions de sociologie*. Paris, Éditions de Minuit, 1980, pp. 222-235. Voir aussi, du même auteur, *La distinction : critique sociale du jugement*. Paris, Éditions de Minuit, 1979, 672 pages. En somme, pour Bourdieu, le fait que les non-réponses aux sondages d'opinion soient plus fréquentes chez les personnes les plus démunies de capital économique, social et culturel permet de remettre en question l'idée que le concept de « classe sociale » explique de moins en moins bien la production des opinions politiques.
17. Le cadre théorique ne fera pas l'objet ici d'un long développement, car ce n'est pas le sujet de cet ouvrage. Nous voulons seulement souligner l'importance d'adopter une perspective théorique dans la formulation d'une hypothèse et, plus généralement, dans une démarche de recherche. Il est bon de rappeler que, pour la communauté scientifique, l'intérêt d'une recherche dépend de sa contribution théorique à l'avancement des connaissances. C'est du moins ce que prétendent les chercheurs des différentes communautés scientifiques.
18. La prudence s'impose ici, car les perspectives théoriques ne sont pas exclusives les unes des autres. Il existe des féministes marxistes ou même constructivistes. Il faut distinguer une approche théorique d'un courant de pensée, d'un mouvement social ou même d'une idéologie. Le féminisme, par exemple, est un mouvement social, très divers, qui s'inspire, dans l'analyse qu'il fait de la condition des femmes, de plusieurs approches théoriques, certaines étant spécifiques aux études féministes, d'autres inspirées des théories développées dans les différentes sciences sociales.
19. On nomme cette partie de la démarche de recherche l'opérationnalisation de l'hypothèse ou encore la construction du modèle d'analyse. Voir André Blais. « Les indicateurs », dans Benoît Gauthier (dir.) *Recherche sociale. De la problématique. Op. cit.*, pp. 155-173.
20. Nous traitons d'une manière très succincte cette partie sur le corpus en essayant de donner les grands principes qui gouvernent la constitution du corpus, car notre propos se limite à la revue de la littérature.

CONCLUSION

> *La revue de la littérature constitue le lieu par excellence où les chercheurs d'une discipline scientifique débattent des questions importantes : des questions théoriques.*
> *Il n'y a pas de science sans théorie.*

La revue de la littérature est nécessaire à plus d'un titre, comme nous l'avons souligné tout au long de cet ouvrage. Il est primordial, à la fin de ce parcours, de revenir sur cette importance pour comprendre à la fois le processus de recherche et la manière dont une discipline scientifique se constitue et fonctionne.

Nous avons beaucoup discuté de la portée de la revue de la littérature. Nous avons d'abord montré qu'il s'agissait d'une étape essentielle dans la démarche de recherche. Seule la mise à jour des connaissances et l'analyse critique de celles-ci permettent le développement du savoir dans une discipline scientifique. En leur absence, on ne voit pas comment on pourrait arriver à formuler une problématique et une thèse originales, qui permettent de faire progresser notre compréhension du monde. Un travail de recherche n'est ni le fruit du hasard ni le résultat d'un coup de génie. Il est le produit d'un travail ardu de confrontation avec la littérature scientifique.

L'ÉLABORATION D'UNE PROBLÉMATIQUE DE RECHERCHE : SOURCES, OUTILS ET MÉTHODE

Nous devions aussi mettre l'accent sur les outils appropriés pour mener à bien une telle opération. Il n'y a pas de science qui progresse sans la mise à jour des connaissances et sans la capacité d'y trouver des failles à combler à l'aide de propositions audacieuses. On a trop souvent mis l'accent sur le génie de tel ou tel chercheur pour parler du progrès de la science en oubliant qu'il s'agissait d'abord d'un long processus. Il n'y a, en science pas plus qu'ailleurs, ni d'opérations magiques ni de coups de génie ; l'avancement des connaissances est dû à un long travail — souvent technique — durant lequel chaque étape dépend de la précédente et sert d'appui à celle qui suit. On voit mal comment un chercheur pourrait formuler une hypothèse originale s'il n'a pas une connaissance approfondie des recherches existantes et en cours. Bien souvent, le coup de génie n'est rien d'autre qu'une tentative de défaire ce que les autres ont assemblé ou d'assembler ce que les autres avaient séparé. Ce long processus conduit souvent, mais pas toujours, à l'élaboration de thèses originales qui contribuent à l'avancement de la science.

Nous avons aussi beaucoup insisté sur l'importance des débats (intersubjectivité) au sein d'une discipline scientifique et sur la manière dont ces derniers ont pu contribuer au développement de la connaissance. Il importe d'ajouter que la revue de la littérature est devenue le lieu par excellence de ces débats ; c'est là que sont reprises les recherches antérieures ou en cours, qu'elles sont soumises à une évaluation critique tant théorique qu'épistémologique et méthodologique. C'est aussi le lieu où un chercheur s'engage dans ces débats, prend parti et soumet une thèse à la discussion de la communauté scientifique[1].

On reproche souvent à la communauté scientifique l'absence de véritables débats en son sein, mais ces derniers se tiennent moins souvent sur la place publique que dans les revues ou les ouvrages scientifiques. Par exemple, ils ont lieu lorsqu'un chercheur confronte entre elles les théories et les méthodologies qui ont déjà traité de son sujet, lorsqu'il engage une polémique avec un

CONCLUSION

autre chercheur ou lorsqu'il suscite une controverse en remettant en cause les résultats, ou même la technique et la méthodologie d'enquête ou d'une recherche. Ces débats, ces polémiques sont au cœur de l'activité scientifique, même s'ils donnent une représentation moins flatteuse de la science et de la pratique scientifique, et même s'ils présentent une image de la science moins sûre d'elle-même.

Le chapitre deux a montré, en exposant quelques-uns des principes d'analyse de la littérature, la manière dont devait se faire la revue de la littérature existante ou en cours. C'est ici que les apprentis-chercheurs rencontrent la plus grande difficulté. Comment faut-il lire les ouvrages et les articles scientifiques ? Que faut-il retenir des théories et des thèses qui ont cours ? En général, on insiste beaucoup, dans les cours de méthodologie, sur la nécessité de critiquer les théories et les recherches existantes, de remettre en question les thèses actuellement acceptées. Pour un étudiant de niveau universitaire, l'esprit critique est devenu le maître mot de la discipline scientifique qu'il apprend. Mais on oublie souvent de dire qu'avant même de faire ce travail critique il faut comprendre les textes, saisir ce qui est en jeu dans ces théories et dans ces thèses. L'esprit critique est toujours second ; il faut d'abord comprendre le propos des textes qu'on lit, en saisir le sens et en maîtriser la signification. Il existe quelques principes qui peuvent guider le lecteur dans son analyse des textes : une écoute attentive et une ouverture d'esprit qui nous permettent de changer d'idée et de penser les choses autrement qu'on ne les pensait auparavant.

Il faut surtout être capable de faire un travail de synthèse : associer des thèses et classer les théories selon le type d'explication qu'elles proposent permet, en quelques pages, d'avoir une idée nette de ce qu'une discipline scientifique, à travers les ouvrages et les articles scientifiques importants, dit sur un sujet donné. Vincent Lemieux, dans *Systèmes partisans et partis politiques*[2], illustre à merveille la façon dont doit se faire ce travail de synthèse. En peu de pages, douze exactement, le lecteur aura une idée précise des

L'ÉLABORATION D'UNE PROBLÉMATIQUE DE RECHERCHE :
SOURCES, OUTILS ET MÉTHODE

principales théories existant sur les partis politiques, les théories étant classées selon le type de questions auxquelles elles ont essayé de répondre. Il sera aussi en mesure de cerner la perspective que l'auteur adopte, les théories auxquelles il emprunte ses idées et les concepts importants. Très rapidement, le lecteur aura une image assez précise de l'état des connaissances sur les partis politiques.

Enfin, on a vu comment la revue de la littérature devait conduire à la frontière séparant ce qui est connu de ce qui ne l'est pas, en vue d'élaborer une problématique originale.

Mais il y a un autre aspect de la revue de la littérature qu'il est possible d'exploiter dans la mesure où celle-ci conduit à une autre dimension de la recherche scientifique. La science est le résultat d'un travail, d'une mise en forme de problèmes à résoudre. Or, la revue de la littérature peut être aussi l'occasion de s'interroger sur ce processus même : Quels sont les problèmes que l'on rencontre aujourd'hui en science ? Pourquoi certaines théories ou explications retiennent plus l'attention que d'autres ? Est-ce dû à leur valeur intrinsèque ? S'il n'y a pas d'innovation possible en science sans référence obligatoire aux travaux scientifiques passés ou en cours, quelle est alors la nature exacte de l'innovation ou du progrès scientifique ? Quel rapport l'innovation scientifique entretient-elle avec le monde ? Y a-t-il des conditions qui sont davantage propices à l'innovation scientifique ? Lesquelles ? La science n'est-elle pas, en ce sens, une entreprise qui tourne sur elle-même, enfermée dans un vase clos, sans contact réel avec le monde ?

Les réponses à ces questions font actuellement l'objet de débats virulents en science et en sciences sociales. Il ne s'agit pas, à ce moment-ci, de répondre à ces questions ou même de prendre parti, mais seulement de constater le *caractère construit de la science*. On a tellement insisté sur les réussites scientifiques, on a tellement sacralisé le discours scientifique, qu'il est presque interdit d'interroger les processus par lesquels la science arrive à construire des énoncés sur le monde[3]. La science est une entreprise de mise en

CONCLUSION

discours de la réalité (elle la représente). À ce titre, elle obéit à ses propres règles et techniques, mais, dans le même temps, elle est incapable de justifier ou de fonder mieux que les autres discours sociaux la validité de ses outils et de ses techniques, la vérité de ses énoncés.

Dire, à la suite de Dominique Wolton, qu'« [i]l n'y a de réel progrès qu'en réponse à un vrai problème » suppose qu'on admette sans examen critique les idées de progrès et de « réel problème », et surtout qu'on accepte comme une implication logique le fait que le progrès en science n'est possible à la seule condition que l'on ait bien identifié un problème réel. Mais qu'est-ce qu'un problème réel ? Qui va définir ce dont il s'agit ? Doit-on laisser aux chercheurs le soin de dire quels sont les vrais problèmes ? Que faire des controverses actuelles à propos de l'engagement de l'État dans divers secteurs de la société civile ? Pour certains chercheurs, en raison du déficit accumulé, l'État n'a rien à faire dans les secteurs de la santé et de l'éducation, alors que, pour d'autres, les problèmes réels de santé et d'analphabétisme dans les milieux les plus pauvres de la société justifient le fait qu'il joue un rôle de premier ordre. Comment trancher ? Est-il possible d'établir un critère qui permette de déterminer qui a raison et qui a tort ? Il semble que ce soit très difficile, sinon impossible, à moins d'adhérer soi-même à l'une des options en cause.

Vous vous êtes éloigné, diront certains, de la revue de la littérature. Vous ne faites plus de méthodologie, mais de l'épistémologie, et encore, une certaine épistémologie qui n'a cessé depuis plusieurs années de remettre en cause la pratique scientifique la plus rigoureuse en contestant l'idée de vérité, en associant les chercheurs à des travailleurs comme les autres, en faisant de la communauté scientifique un lieu de pouvoir plutôt que de création et de recherche.

Pourtant, répondrons-nous, on voit mal comment on pourrait exclure de la pratique scientifique une réflexion sur ces mêmes pratiques. Il est de plus en plus difficile de séparer l'épistémologie de la méthodologie, et de la pratique scientifique elle-même. On

L'ÉLABORATION D'UNE PROBLÉMATIQUE DE RECHERCHE : SOURCES, OUTILS ET MÉTHODE

voit mal comment un chercheur refuserait de poser à sa propre pratique certaines questions et notamment celles des effets de la mise en discours et de la représentation de la réalité.

On comprend mal pourquoi une telle réflexion gêne tant les chercheurs ; pourquoi la réflexion épistémologique les agace tant. À moins que le questionnement de la vérité, du processus par lequel on prétend dire le vrai, sape leur autorité morale ? Personne, et les chercheurs sont les premiers concernés, ne souhaite voir son autorité contestée. Pourtant, comme l'écrivait Sénèque à propos de l'autorité :

> Nous faisons apprendre aux enfants des sentences et, en particulier, ces apophtegmes que les Grecs appellent *chries*. Et pourquoi ? Parce que l'intelligence enfantine est en mesure de les saisir et que sa capacité n'irait pas au-delà. Mais un esprit déjà formé, un adulte s'attirerait la honte à ramasser des fleurettes, à s'étayer d'un tout petit nombre d'adages des plus connus et à ne se soutenir que par sa mémoire. Qu'il prenne désormais en lui-même son point d'appui ; que ce soit lui qui parle dans ces citations, non sa mémoire. Honte au vieillard, à l'homme arrivé en vue de la vieillesse, dont toute la sagesse ne tient qu'à son calepin ! "Zénon a dit ceci" Et toi, qu'en dis-tu ? "Cléandre pense ainsi" Et toi, qu'en penses-tu ? Marches-tu toujours sous les ordres d'autrui ? Sois un chef ; prononce des paroles qui puissent se graver dans les mémoires. Produits quelque chose de ton fonds. Pauvres hommes, *sans autorité*, commentateurs éternels tapis à l'ombre des grands noms ! Je leur dénie à tous la moindre générosité d'âme, puisqu'ils n'ont jamais eu le courage d'accomplir une bonne fois ce qu'ils ont longtemps appris. C'est leur mémoire qu'ils ont exercée sur les conceptions des autres. Or, se

CONCLUSION

>souvenir n'est pas savoir. Se souvenir, c'est conserver le dépôt commis à la mémoire ; savoir, c'est faire sienne toute notion acquise, sans s'accrocher à un modèle, sans se retourner à tout bout de champ vers le maître[4].

Penser par soi-même, c'est ce que la revue de la littérature doit nous permettre de faire. Et, pour cela, elle doit mettre en cause toute forme d'autorité. L'autorité n'est utile que pour être détruite.

L'ÉLABORATION D'UNE PROBLÉMATIQUE DE RECHERCHE :
SOURCES, OUTILS ET MÉTHODE

Notes

1. Il ne faut pas se décourager si notre recherche n'a que peu d'échos dans la communauté scientifique. Il ne faut pas perdre de vue que celle-ci n'est pas une communauté neutre qui n'évalue que la valeur de vérité des recherches ; elle est traversée par des luttes politiques sur les objets qu'elle juge légitimes d'étudier ; elle est traversée aussi par des modèles théoriques dominants dont une des fonctions est d'exclure du champ scientifique d'autres théories. Faire de la recherche, c'est accepter d'entrer en lutte avec d'autres chercheurs qui sont parvenus à imposer leur vision. La communauté scientifique n'est pas différente des autres communautés ; elle obéit aux mêmes critères et surtout aux mêmes passions que n'importe quelle entreprise ou n'importe quel milieu de travail. On a tendance à sous-estimer le facteur humain, c'est-à-dire les luttes de pouvoir qui ont lieu dans la recherche scientifique. Par luttes de pouvoir, on ne désigne pas seulement celles qui portent sur la définition des objets, l'octroi des subventions et des récompenses, l'acquisition du capital symbolique par la reconnaissance des pairs (autoréférence) ; on entend aussi par là les mesquineries, la jalousie, la fraude et la violation de la propriété intellectuelle (collègues et étudiants), le vol, les règlements de compte dans l'évaluation des articles ou des ouvrages de concurrents ou même d'amis, l'ostracisme, etc. On pourrait multiplier l'énumération. La science, on l'aura compris, est une activité humaine.
2. Vincent Lemieux. *Op. cit.*, pp. 3-15.
3. Il faut lire à ce sujet les débats passionnés qu'ont soulevé les recherches classées sous la rubrique « sociologie de la science » et, particulièrement, les travaux de Bruno Latour. *La science en action*. Paris, Gallimard, 1995, 663 pages.
4. Sénèque cité dans Paul Audi. *L'autorité de la pensée*. Paris, Presses Universitaires de France, 1997, pp. 1-2.

BIBLIOGRAPHIE

BLAIN, Thérèse, Danielle FRÀTTAROLI, Jean-Yves QUENEL et Yvon THÉROUX. *Technique de dissertation : comment élaborer et présenter sa pensée.* Ste-Foy, Le Griffon d'Argile, 1992.

BOUTHAT, Chantal. *Guide de présentation des mémoires et thèses.* Montréal, Université du Québec à Montréal, 1993.

CHAMPAGNE, Patrick, Remi LENOIR, Dominique MERLLIÉ et Louis PINTO. *Initiation à la pratique sociologique.* Paris, Dunod, 1989.

CHÉNIER, Jacques. « La spécification de la problématique », dans Benoit GAUTHIER (dir.) *Recherche sociale. De la problématique à la collecte des données.* Ste-Foy, Presses de l'Université du Québec, 1984.

DEMERS, Marthe. *Le projet de recherche au PhD.* Pierrefonds, Québec, Hélio, 1993.

DEPELTEAU, François. *La démarche de recherche en sciences humaines.* Québec, Presses de l'Université Laval, 1998.

DIONNE, Bernard. *Pour réussir : Guide méthodologique pour les études et la recherche.* Laval, Études vivantes, 1998.

DORVIL, Henri, Robert MEYER. *Problèmes sociaux.* Ste-Foy, PUQ, 2001.

FRAGNIÈRE, Jean-Pierre. *Comment réussir un mémoire.* Paris, Dunod, c2001.

GAUTHIER, Benoît (dir.) *Recherche sociale. De la problématique à la collecte des données.* Ste-Foy, Presses de l'Université du Québec, 1984.

HUOT, Réjean. *La pratique de recherche en sciences humaines.* Boucherville, Gaëtan Morin Éditeur, 1992.

L'ÉLABORATION D'UNE PROBLÉMATIQUE DE RECHERCHE : SOURCES, OUTILS ET MÉTHODE

JUCQUOIS, Guy. *Rédiger, présenter, composer : l'art du rapport et du mémoire.* Bruxelles, De Boeck-Wesmael, 1996.

LACHARITÉ, Normand. *Introduction à la méthodologie de la pensée écrite.* Ste-Foy, Presses de l'Université du Québec, 1987.

LAMOUREUX, Andrée. *Une démarche scientifique en sciences humaines.* Laval, Éditions Études vivantes, 1992.

LANI-BAYLE, Martine. *Écrire une recherche : mémoire et thèse.* Lyon, Chronique sociale, 2002.

LATOUCHE, Daniel et Michel Beaud. *L'art de la thèse : comment préparer et rédiger une thèse, un mémoire ou tout autre travail universitaire.* Montréal, Boréal, 1988.

LE BRAS, Florence. *Les règles d'art pour rédiger un rapport, un mémoire, une thèse.* Alleur, Belgique, Marabout, 1993.

LÉTOURNEAU, Jocelyn. *Le coffre à outils du chercheur débutant. Guide d'initiation au travail intellectuel.* Toronto. Oxford University Press, 1989.

MACE, Gordon. *Guide d'élaboration d'un projet de recherche.* Québec, Presses de l'Université Laval, 1988.

MAUCH, James E. *Guide to Succesful Thesis and Dissertation: a Handbook for Students and Faculty.* New York, M. Dekker, 1993.

OUELLET, André. *Processus de recherche : une approche systémique.* Ste-Foy, Presses de l'Université du Québec, 1987.

PLOT, Bernadette. *Écrire une thèse ou un mémoire en sciences humaines.* Paris, H. Champion, 1986.

QUIVY, Raymond et Luc VAN CAMPENHOUNDT. *Manuel de recherche en sciences sociales.* Paris, Dunod, 1988.

STEINBERG, D. *How to Complete and Survive: a Doctoral Dissertation.* New York, St-Martin's Press, 1981.

TREMBLAY, Raymond Robert et Yvan PERRIER. *Savoir Plus. Outils et méthodes de travail intellectuel.* Montréal, Toronto, La Chenelière/McGraw-Hill, 2000.

TABLE DES MATIÈRES

Introduction.
PROBLEMATIQUE ET REVUE DE LA LITTERATURE...... 9

   Un principe d'intersubjectivité........................... 14
   Le principe de rationalité................................. 16

Chapitre 1.
LES OUTILS DE LA REVUE DE LA LITTERATURE.......... 23

1. La problématique.. 24
   1.1. La recherche de « ce qui pose problème »......... 25
   2.2. L'espace cognitif... 28

2. Les outils de la revue de la littérature..................... 30
   2.1. Ouvrages et articles scientifiques.................. 31
   2.2. La recherche de la littérature....................... 34
      A. Index bibliographiques et index bibliographiques informatisés.................................. 35
      B. Bibliographies spécialisées et bibliographies de bibliographies................................... 37

3. Les limites de la revue de la littérature................... 38
   3.1. Le sujet traité... 38
   3.2. La discipline.. 45
   3.3. La théorie.. 47

4. Pertinence et importance de la littérature................. 47

5. Quelques difficultés... 51
   5.1. Le sujet.. 51
   5.2. La taille de la revue de la littérature................. 55

Chapitre 2.
LA REVUE DE LA LITTERATURE............................. 61

1. Problématiser.. 62

2. La présentation des résultats............................... 68
   2.1. Le compte-rendu de lecture........................... 69
      A. La thèse.. 70
      B. L'argumentation...................................... 71
      C. La confrontation des textes....................... 72
   2.2. L'ordre thématique...................................... 73

3. La problématisation de la littérature..................... 75

4. La formulation de l'hypothèse ou de la proposition de recherche.. 78
   4.1. Cadre théorique.. 79
   4.2. Hypothèse et proposition de recherche......... 80

Conclusion... 87

Bibliographie... 97

648448 - Avril 2016
Achevé d'imprimer par